Jochen Müller

DER MITTELSCHWÄBISCHE DIALEKT

am Beispiel der Urbacher Mundart

Jochen Müller

DER MITTELSCHWÄBISCHE DIALEKT

am Beispiel der Urbacher Mundart

ibidem-Verlag
Stuttgart

Bibliografische Information Der Deutschen Bibliothek

Die Deutsche Bibliothek verzeichnet diese Publikation in der Deutschen Nationalbibliografie; detaillierte bibliografische Daten sind im Internet über <http://dnb.ddb.de> abrufbar.

∞

Gedruckt auf alterungsbeständigem, säurefreien Papier
Printed on acid-free paper

ISBN: 3-89821-190-8

Printed in Germany

Einleitung

Wir können alles – außer Hochdeutsch.
(Werbeslogan für das Land Baden-Württemberg)

Gerade bei uns in Württemberg ist Dialekt etwas Selbstverständliches und Alltägliches. Kaum jemand, der in unseren Breiten aufgewachsen ist, kann seine Herkunft verleugnen: Sein Schwäbisch, Alemannisch oder Fränkisch wird stets leicht nachzuweisen sein, auch wenn der Sprecher sich um eine hochdeutsche Ausdrucksweise bemüht. Es ist vor allem die Sprache, die uns das Gefühl gibt, *daheim* zu sein - "ein lebendiges, unverlierbares Stück Heimat"[1], das ist die Mundart. Selbst nach Jahren in der Fremde hat man sie nicht verlernt.

Schon von meiner Kindheit an hat mich der Dialekt fasziniert. Aufmerksam beobachtete ich den unterschiedlichen Sprachgebrauch von Verwandten und Bekannten, hatte, kaum des Lesens mächtig, große Freude an schwäbischer Literatur und daran in der Schule mundartliche Texte vorzulesen oder später kleine Mundartsketche, zusammen mit anderen vom Dialekt begeisterten Schülern, vorzuspielen. Auch der Versuch in späteren Jahren den Code der hochdeutschen Einheitssprache umfassend zu verinnerlichen - nicht zuletzt im Hinblick auf den späteren Beruf - konnte diesen Hang, ja die Liebe zur Mundart nicht erschüttern.

Warum sich also nicht in dieser Arbeit mit dem Dialekt beschäftigen? Nach dem Vorbild des Sprachforschers Arno Ruoff und seiner Tübinger Arbeitsstelle führte ich mit sieben Gesprächspartnern aus meinem Heimatort Urbach Sprachaufnahmen durch, wertete diese, v. a. im Hinblick auf Lautung und Grammatik, ausführlich aus und machte mir Gedanken, wie das Thema im Deutschunterricht der Grundschule umgesetzt werden kann. Am Anfang der Arbeit stehen einführende Überlegungen zur deutschen Sprachgeschichte und zur Dialektologie.

---

[1] MENZEL, W.: Mundart und Schule, in: BEINLICH, A. (Hg.): Handbuch des Deutschunterrichts. Emsdetten 1969, S. 112.

Aus Gründen der Einfachheit und sprachlichen Flüssigkeit wurde in dieser Arbeit darauf verzichtet, bei Personenbezeichnungen stets die weibliche neben der männlichen Form zu nennen. In der Regel wurde die männliche Form gewählt, wie es unserem Sprachverständnis trotz aller Emanzipation noch immer am ehesten entspricht. Die maskulinen Begriffe Lehrer, Schüler, Gesprächspartner, Informanten usw. bezeichnen also, wenn es nicht um eine bestimmte Person geht, immer sowohl männliche als auch weibliche Angehörige der jeweiligen Personengruppe. In der Arbeit kommen gängige Abkürzungsformen vor, die nicht explizit erklärt werden. Die Abkürzung 'hdt.' steht für neuhochdeutsch, d. i. unsere hochdeutsche Einheitssprache, 'mhd.' steht für mittelhochdeutsch, 'schwäb.' für schwäbisch. Die Bedeutung der übrigen Abkürzungen ist offensichtlich oder ergibt sich aus dem Textzusammenhang.

1. NOTWENDIGE VORÜBERLEGUNGEN ZU SPRACHE UND DIALEKT

1.1 Zur Geschichte der deutschen Sprache

Die deutsche Sprache in ihren unterschiedlichen Mundarten und Ausprägungen rechnet man wie fast alle europäischen Sprachen (außer u. a. den Turk- und den Uralsprachen, wie sie etwa in der Türkei, Ungarn und Finnland gesprochen werden) zur indoeuropäischen (in Deutschland spricht man häufig vom 'Indogermanischen') Sprachfamilie, für deren Ursprung ein wohl nicht als biologisch und genetisch einheitlich zu verstehendes 'Urvolk', verbreitet in Europa, angenommen wird, das einmal die indogermanische Ursprache gesprochen hat. Nach MOSER ist dieses Urindoeuropäische, von dessen Basis aus sich die Einzelsprachen "durch Abspaltung entwickelten", "eine Rekonstruktion der vergleichenden deutschen Sprachwissenschaft des letzten Jahrhunderts"[2]. Die Sprachforschung geht davon aus, dass diese Ursprünge der europäischen Sprachen bis weit ins 3. Jahrtausend vor Christus zurück reichen.

Das Germanische bildet zusammen mit den baltischen und slawischen Sprachen den slawo-germanischen Zweig der indoeuropäischen Sprachfamilie. Es ist vor allem durch Inschriften in lateinisch- oder altgriechischsprachigen Schriftwerken in bescheidenem Maße überliefert und lässt sich ab Ende des 2. Jahrtausends vor Christus "im Gebiet der unteren Elbe und Oder, des heutigen Dänemark, in Südnorwegen und Südschweden ein einheitlicher Kulturkreis nachweisen"[3], dem die Germanen zusammen mit einer so genannten 'Megalithgräberkultur', aus deren offenbar nicht indoeuropäischen Sprache der Ursprung eines Teils des germanischen Wortschatzes angenommen wird, zuzuordnen sind. Die urgermanische Sprache weist vielerlei Unterschiede zum indoeuropäischen Ursprung auf; hier sei nur die bedeutende 'erste Lautverschiebung' hervorgehoben, die vor allem die behauchten oder unbehauchten Reibelaute der indogermanischen Ursprache in Richtung der heutigen stimmhaften (*b, d, g*) und stimmlosen (*p, t, k*) Explosivlaute verschob bzw. neue Frikative entstehen ließ. Außerdem wurden u. a. durch die Lautverschiebung

---

[2] MOSER, H.: Deutsche Sprachgeschichte. Tübingen 1969, S. 74.
[3] KÖNIG, W.: dtv-Atlas zur deutschen Sprache. München, 11. Auflage 1996; S. 43.

Endsilben abgeschwächt, der Wortakzent wurde einheitlich auf die erste Silbe verlegt, alte Vokale durch andere zusammengefasst und vieles mehr. Ab etwa dem 1. Jahrhundert vor Christus sind gegenseitige Entlehnungen im Wortschatz mit keltischen, finnischen und romanischen Nachbarvölkern festzustellen.

Zur Gliederung der germanischen Stammessprachen ist lange Zeit häufig das Schema des Germanisten Karl Müllenhoff aus dem 19. Jahrhundert verwendet worden, das heute als fragwürdig gilt, unter anderem, weil es zu wenig auf geschichtliche Faktoren und gegenseitige Beeinflussung der einzelnen Stämme Rücksicht nimmt und auf der umstrittenen Theorie gründet, dass eine spezifisch 'ostgermanische' und eine 'westgermanische' Sprache tatsächlich formal existiert haben. Müllenhoff führt die heutigen deutschen Mundarten über das Althochdeutsche zurück auf ein angebliches 'Urdeutsch', das sich aus dem Westgermanischen gebildet haben soll. In diesem Zusammenhang sei F. WREDEs so genannte 'Ingwäonentheorie' erwähnt, welche in dieselbe Richtung zielt. MOSER hält die Existenz einer 'urdeutschen' sprachlichen Vorstufe für widerlegt: Deutsch sei "nicht mehr wie nach früheren Anschauungen (...) der Ausgangspunkt einer Entwicklung, sondern das Ergebnis eines Ausgleichs".[4]

Friedrich MAURER dagegen geht von fünf germanischen Stammesgruppen aus, die im Zuge der Völkerwanderungen in den ersten Jahrhunderten nach Christi Geburt große Teile Europas von Skandinavien (Nordgermanen) bis zum gesamten Mittelmeerraum (Ostgermanen, namentlich die Goten, deren Sprache der älteste überlieferte germanische Dialekt ist) besiedelten. Das heutige deutschsprachige Gebiet nahmen die Stämme der Weser-Rhein-Germanen (spätere Franken und Hessen), Nordseegermanen (spätere Friesen, Angeln und Sachsen, die Großbritannien besiedelten) und Elbgermanen ein. Der Römer TACITUS bezeichnete letztere, aus denen die Stämme der Thüringer, Quaden, Langobarden, Baiern und Alemannen hervorgingen, als 'Sueben' - auf dieses Wort gründet sich die Bezeichnung 'Schwaben'. Die erwähnten drei germanischen Stämme auf deutschem Gebiet werden gemeinhin als 'Westgermanen' bezeichnet, da sie u. a. als

---

[4] MOSER, H.: Deutsche Sprachgeschichte. Tübingen 1969, S. 96.

Folge "der polit.-kulturellen Einheit des Merowingerreiches"[5] einige sprachliche Gemeinsamkeiten (z. B.: Konsonanten-Doppelung, Umwandlung des germanischen stimmhaft-dentalen
d-Reibelautes nach *d*, Veränderung von Endungen, Unterdrückung von germ. *i* und *u)* aufweisen. Die drei alten westgermanischen Dialekte können deswegen als Vorstufe einer deutschen Sprache betrachtet werden.

Das in diesem Sinne 'westgermanische' Sprachgebiet erstreckte sich in der Zeit zwischen Völkerwanderung und der Zeit Karls des Großen westlich bis zur Loire und zur Nordsee, nördlich bis zur heutigen deutsch-dänischen Grenze, östlich nur bis zu einer Linie etwa Lübeck - Magdeburg - Erfurt - Regensburg und entlang der Donau etwa bis Wien, südlich quer über die Alpen. Inzwischen waren die elbgermanischen Großstämme im Süden sesshaft geworden, unter denen sich ab Mitte des ersten Jahrtausends n. Chr. die Franken eine Vormachtstellung sicherten, die schließlich zur Entstehung des Frankenreiches führte und der Bildung eines "sprachlichen Einheits-Bewusstseins" in Richtung einer 'deutschen' Volkssprache förderlich war.[6] Der westliche Teil des Frankenreiches wurde später romanisiert, es entstand im Norden des westfränkischen Reiches die im Wesentlichen heute noch gültige romanisch-germanische Sprachgrenze. Gleichzeitig drang das Germanische vom 9. Jahrhundert im Zuge der Ostkolonisation weit in ehemals slawisches Gebiet vor. Der Verlauf der östlichen Grenzen des germanischen Sprachgebietes im 14. Jahrhundert erinnert an die Grenzen des Deutschen Reiches vor 1933.[7]

Die *zweite (hochdeutsche) Lautverschiebung* brachte die entscheidenden Neuerungen beim Übergang von germanischer zu althochdeutscher Sprache hervor und ist Grundlage für die Unterscheidung zwischen niederdeutsch und hochdeutsch. Wichtigste Neuerungen waren

- die Verschiebung von germ. *p, t, k* zu *ff, zz, hh* nach Vokalen und zu *pf, tz (z), kch (ch)* im Anlaut, aus germanischen Doppelfrikativen und nach Konsonanten; *t* > *tz* im gesamten althochdeutschen Gebiet; *p* > *pf* nur im Oberdeut-

---

[5] KÖNIG, W.: dtv-Atlas zur deutschen Sprache. München, 11. Auflage 1996; S. 53.
[6] Vgl.: KÖNIG, W.: dtv-Atlas zur deutschen Sprache. München, 11. Auflage 1996; S. 58 f.
[7] Vgl. a. a. O., S. 74.

schen; *k* > *ch* im Bairischen und Alemannischen. Es ergaben sich hier bei Einzelwörtern regionale Unterschiede.

- die Fortisierung der Lenes *b, d, g,* zu *p, t, k* v. a. im Bairischen sowie der Wandel vom germanischen stimmhaften Zungenreibelaut zu *d;*
- die Monophthongierung der Diphthonge *ai* und *ou* zu langen *e* und *o*;
- die Diphthongierung von germanischem langem /e:2/ und /o:/ zu /ie/ und /uo/;
- die Bildung eines i-Umlautes aus Vokalen mit folgenden /i/ oder /j/;
- die Brechung verschiedener germanischer Altvokale.[8]

Das Wort 'deutsch' ist erstmals im Jahre 786 in lateinischer Sprache nachgewiesen: *theodisce* bezeichnete die regional stark verschiedenen westgermanischen Volkssprachen gegenüber der lateinischen Amtssprache. Im Gegensatz zum später auftretenden *teutonicus* bezog sich *theodiscus* zunächst nur auf die Sprache der Germanen (später der Franken). Um 1090 bezieht sich *diutisc* dann ebenso auf Volk und Land.

Im Mittelalter ist nicht von einer einheitlichen 'Hochsprache', wohl aber einer stark mundartlich geprägten überregionalen Sprache der Oberschicht auszugehen. Die heutige Bezeichnung 'mittelhochdeutsch' ist vor diesem Hintergrund irreführend, da es suggeriert, es habe eine Hochsprache existiert, die mit unserer neuhochdeutschen Schriftsprache vergleichbar wäre. 'Mittelhochdeutsch' bezeichnet vielmehr die Mundarten, die im hohen und späten Mittelalter in dem deutschsprachigen Gebiet südlich einer Linie Köln - Leipzig - Königsberg gesprochen und geschrieben wurden; 'mittelniederdeutsch' meint die Mundarten nördlich dieser Linie. Daraus wird ersichtlich, dass das landläufige Verständnis der Begriffe 'hochdeutsch' bzw. 'Hochsprache' falsch ist: 'hoch' bezeichnet nicht das vermeintlich hohe, vollendete Niveau der Sprache, sondern die geographische Lage der Gebiete, in denen diese Sprachen, aus denen unsere 'Hochsprache' im Wesentlichen hervorgegangen ist, gesprochen wurden. Das Mittelniederdeutsche spielte zur Zeit der Hanse eine wichtige Rolle, verlor jedoch nach deren Niedergang an Bedeutung, jedoch nicht ohne im Hochdeutschen des Südens Spuren im Wortschatz zu hinterlassen.

---

[8] Vgl. a. a. O., S. 63-65.

Die Sprachgeschichte rechnet die deutsche Sprache etwa ab Ende des 8. Jahrhunderts und gliedert sie zeitlich traditionell in eine althochdeutsche Zeit etwa bis Ende des 11. Jahrhunderts, die mittelhochdeutsche Zeit bis etwa 1500 und die neuhochdeutsche Periode. Diese Begriffe beinhalten nicht den Hinweis, dass auch das Niederdeutsche zur deutschen Sprachfamilie gehörte, wie MOSER kritisiert. Gleichwohl sind diese Bezeichnungen bis heute gültig geblieben; man muss diese Gliederung jedoch immer als langsame, stetige Entwicklung verstehen. MOSER führt mit Rücksicht darauf wohl zurecht Zwischenstufen zwischen die drei erwähnten Sprachperioden ein.

Während des Mittelalters wird Deutsch immer mehr auch zur Schreibsprache. Die Grenzen der neu entstehenden Territorialstaaten (Bistümer, Herzogtümer, Reichsstädte usw.) sind zum Teil noch heute als Mundartgrenzen und Isoglossen erkennbar. Nach der Entstehung überregionaler Verkehrssprachen im 13. und 14. Jahrhundert und der Erfindung des Buchdrucks kamen Tendenzen zur Vereinheitlichung der deutschen Sprache auf, nicht zuletzt gefördert durch ein neues, im Spätmittelalter entstandenes deutsches Nationalgefühl. Martin Luther nahm diese Tendenzen in seiner Bibelübersetzung auf. Die Sprache seines Werkes basierte nach seinen eigenen Äußerungen auf der kurfürstlich-meißnischen Kanzleisprache, unterlag aber Zeit seines Lebens vielen Veränderungen hin zur Vereinheitlichung und war ein ständiger Kompromiss zwischen ostmitteldeutschen und süddeutschen Schreibformen. Im ehemals niederdeutschen Gebiet konnte Luthers Schreibsprache, die bereits über die (aus althochdeutsch /i:/, /u:/, /iu/ entstandenen) neuhochdeutschen Diphthonge /ae/, /ao/ und /òe/ verfügt, interessanterweise wesentlich schneller und leichter Fuß fassen als in Süddeutschland, wo noch 1755 der Benediktiner Dornblüth zum Beispiel dem 'protestantischen Dialect' "eine auf das Schwäbische gegründete Gemeinsprache"[9] entgegenstellte und lange auf den alten schwäbischen Vokalen beharrt wurde. Im Norden wurde Luthers Sprache quasi als Fremdsprache gelehrt. Die Gegensätze zur Mundart waren groß, so dass kaum Mischformen entstehen konnten, wie es im Süden der Fall war.

[9] MOSER, H.: Deutsche Sprachgeschichte. Tübingen 1969, S. 148.

Luther war in diesem Sinne nicht Schöpfer, wohl aber "Begründer der neuhochdeutschen Schriftsprache"[10]. Die von ihm geschaffene Sprachform war wichtigste Grundlage für die sich seit Ende des 18. Jahrhunderts entwickelnde deutsche Einheitssprache, eine Entwicklung, die bis in unser Jahrhundert hinein reichen sollte: noch Ende des letzten Jahrhunderts wurden im Süden die alten mitteldeutschen Diphthonge und entrundete Formen auch außerhalb der Mundart, in der Einheitssprache, verwandt.

1.2 Zur neuhochdeutschen Einheitssprache

Die Entstehung einer einheitlichen Schriftsprache mit festen Regeln und gültigem Graphemsystem sollte noch einige Jahrhunderte lang dauern. Schon mit Erfindung des Buchdrucks wurden Rufe nach allgemein verbindlichen Schreibregeln laut. Noch Anfang des 19. Jahrhunderts hatte "jede Druckerei eine eigene Hausorthographie, und an verschiedenen Schulen wurden verschiedene Rechtschreibungen gelehrt"[11]. In dieser Zeit begann die wissenschaftliche Erforschung der Sprachgeschichte, deren Vorreiter Jacob GRIMM, F. J. STALDER und J. A. SCHMELLER waren. Es wurde verlangt, innerhalb der zu vereinheitlichenden Rechtschreibung der "Fortentwicklung des Neuhochdeutschen"[12] Rechnung zu tragen. Durch die 1871 nach der Reichsgründung neu gewonnene Einheit Deutschlands bekamen solche Forderungen weiteren Auftrieb. 1880 konnten sich die Länder auf eine einheitliche Rechtschreibnorm einigen, die sich Anfang des 20. Jahrhunderts endgültig durchsetzen konnte, obwohl sie von Anfang an sowohl in der Bevölkerung als auch in Teilen der Politik auf Ablehnung gestoßen war.

Unser seit 1901 gültiges Orthographiesystem, dessen Regeln im Rechtschreib-Duden festgelegt sind, zeichnet sich durch zahlreiche Vereinfachungen zugunsten der inneren Geschlossenheit der Sprache, des morphologischen Prinzips und vor allem der Einfachheit aus. Die Grapheme *ü* und *ö* wurden statt der entrundeten *i* und *e*

---

[10] a. a. O., S. 145.

[11] KÖNIG, W.: dtv-Atlas zur deutschen Sprache. München, 11. Auflage 1996, S. 108

[12] a. a. O.

verbindlich eingeführt, ebenso das bei Luther noch kaum vorhandene *ä*, das "die etymologische Verwandtschaft von Wörtern"[13] hervorheben soll (z. B.: *Bach - Bäche, fahren - Fähre*). Die für das Verständnis überflüssige Anhäufung von Konsonanten und Vokalen, im 17. Jh. noch üblich (auch noch zur Zeit Nietzsches: *Christenthum, Drachentödter, nöthig*), wurde ab dem 18. Jahrhundert nach und nach überwunden und lebt heute nur in der unterschiedlichen Schreibung von Eigennamen fort. Für Homonyme wurden unterschiedliche Schreibvarianten zur Unterscheidung eingeführt: *Lerche - Lärche, viel - fiel* usw. Lang- und Kurzvokale wurden weitgehend, wenn auch nicht in letzter Vollendung konsequent, deutlich durch Längenzeichen oder Doppelschreibung von Konsonanten und Vokalen gekennzeichnet. Trotz der binnenhochdeutschen Konsonantenschwächung, die erstmals schon in althochdeutscher Zeit auftritt und im oberdeutschen Bereich zu ihrer größten Ausprägung durch weitgehende Auflösung der Gegensatzes zwischen Lenis und Fortis gelangt, bleiben "die Verschlusslautoppositionen *b : p, d : t, g : k*" (und damit eine häufige Fehlerquelle in der Rechtschreibung) im neuhochdeutschen Graphemsystem erhalten, wobei versucht wird, nach dem etymologischen Prinzip "ein Wort durch alle Flexionsformen hindurch gleich zu schreiben" [14] - dadurch kann es zu Widersprüchen in der Graphem-Phonem-Korrespondenz kommen: z. B. *Tag* /ta:k/, *Leib* /lae:p/. Auch andere Rechtschreibregeln widersprechen dem der Schriftsprache zugrunde gelegten phonetischen Prinzip: Viele Buchstaben kennzeichnen nicht eindeutig ein bestimmtes Phonem, sondern mehrere, umgekehrt kann ein Phonem mit verschiedenen Graphemen korrespondieren. Durch die Durchsetzung der Großschreibung für alle 'Hauptwörter' Ende des 17. Jahrhunderts wurde das orthographische System des Deutschen weiter verkompliziert. Entsprechend den vor allem im hochdeutschen Raum bis in die Oberschicht hinein gebräuchlichen Mundarten entstanden Anfang des 19. Jahrhunderts in den Regionen Deutschlands (im Süden stärker als im Norden) unterschiedliche Aussprachen für die neu entstandene Schriftsprache. Später wurde die Sprache des ernsten Dramas auf der Bühne zum Ideal erhoben, dem die Aussprache der Norddeutschen näher kam als die der Süddeutschen. Will man das neuhochdeutsche phonologische System mit dem des Mittelhochdeutschen vergleichen, so zeigen sich folgende Veränderungen:

---

[13] a. a. O., S. 107.

- zur Unterscheidung zwischen offenen und geschlossenen e-Lauten werden die Grapheme *ä* und *e* eingeführt;
- Monophthongierung der mhd. fallenden Diphthonge /ie/, /üe/, /uo/ zu Langvokalen;
- Einführung der Diphthonge /ae/, /òe/, /ao/;
- Phonemisierung des Nasals /η/;
- Ausbildung des Gegensatzes stimmhaft /z/ - stimmlos /s/ bei s-Lauten.

Noch immer unterliegt die Hochsprache ständigen Wandlungen. Dies zeigt sich am deutlichsten beim Wortschatz, dem Teil der Sprache, bei dem diese Veränderungen am schnellsten geschehen. Alte Wörter sterben aus, neue kommen hinzu, vor allem Neuschöpfungen aus dem technischen Bereich und Lehnwörter aus anderen Sprachen. In der Lautebene hat erst in jüngerer Zeit das 'Zäpfchen-r' das traditionelle, gerollte 'Zungen-r' schon fast verdrängt. Sprachbetrachtungen und -beschreibungen können daher nicht mehr als Momentaufnahmen einer Sprache oder einer Mundart sein, wie sie zum Zeitpunkt der Untersuchung gesprochen werden; sie besitzen lediglich eingeschränkte Gültigkeit für spätere Zeiten.

1.3 Was sind Dialekte?

Erst in neuerer Zeit, mit Entstehung der deutschen Einheitssprache, hat die Wissenschaft die Mundarten oder Dialekte[15] als Forschungsfeld entdeckt. In der Zeit vor dem 18. Jahrhundert wurde Mundart nur unter dem Aspekt gesprochener Sprache im Gegensatz zur Schriftsprache betrachtet: "Der Erforschung der Mundarten musste ihre Entdeckung vorausgehen. Und die war erst möglich, als es eine Sprachform gab, die im Gegensatz zum Dialekt stand." Im 19. Jahrhundert entdeckte man "die Dia-

---

[14] a. a. O.

[15] Die Begriffe 'Mundart' und 'Dialekt' werden heute allgemein in der Sprachwissenschaft synonym gebraucht. Es wird nicht mehr, wie früher üblich, zwischen Mundart als tatsächlich gesprochener Sprache und Dialekt als übergeordnetem Sprachbegriff unterschieden.

lekte als eigenständige Gebilde, im Gegensatz zur Hochsprache, als das Ergebnis einer kontinuierlichen organischen Entwicklung."[16]

Das Wort *Mundart* selbst ist ein Konstrukt, eine "künstliche Bildung"[17]: Es geht auf den Dichter Philipp von ZESEN (17. Jahrhundert) zurück, der außerdem Wörter wie *Zweikampf, Anschrift, Bücherei* in die deutsche Sprache einführte, um einer Überfremdung durch andere Sprachen entgegenzuwirken. Süddeutsche Mundarten werden landläufig als *Dialekt*, mittel- und norddeutsche Mundarten als *Platt* bezeichnet.

Jan GOOSSENS definiert Mundart/Dialekt vor dem "Hintergrund des Gegenstückes, der Hochsprache, Schriftsprache etc." als "eine polare Größe"[18]: Zwischen der ausgeprägten Mundart und der Schriftsprache findet man eine Anzahl unterschiedlicher Dialektniveaus, die bei Bedarf auch während eines Gesprächs gewechselt werden können (sog. 'Code-switching') und mit der regionalen Umgangssprache gewissermaßen eine Teilmenge bilden.[19] "Dialekt ist also der als Ausdrucksweise der Sprachgemeinschaft eines Ortes zu betrachtende, auf lokale Verwendung zielende Komplex von Sprechweisen, bei dem zur Aufhebung der Differenzen zum hochsprachlichen System, im Vergleich zu den anderen am gleichen Ort vorkommenden Sprechweisen dieser Sprachgemeinschaft, eine maximale Anzahl von Regeln notwendig ist."[20] Dabei versteht man "unter Mundart die Ausdrucksweise mit der stärksten regionalen Färbung, unter 'hochdeutscher Umgangssprache' die mit der geringsten regionalen Färbung"[21]. Die beiden Pole Dialekt und Einheitssprache lassen sich einerseits "als Ganzheiten strukturell vergleichen. Zum anderen können Einzeleinheiten gegeneinandergehalten werden", die durch die Häufigkeit ihres Gebrauchs jeweils eher der Hochsprache oder der Mundart zugeordnet werden können.[22]

---

[16] KÖNIG, W.: dtv-Atlas zur deutschen Sprache. München 1996, S. 139.
[17] a. a. O.
[18] GOOSSENS, J.: Deutsche Dialektologie. Berlin und New York 1977, S. 18.
[19] Zum Verhältnis Hochsprache - Dialekt - Umgangssprache vgl. KÖNIG, W.: a. a. O., S. 135.
[20] GOOSSENS, J.: a. a. O., S. 21.
[21] a. a. O., S. 16.
[22] AMMON, U.: Dialekt und Einheitssprache in ihrer sozialen Verflechtung. Weinheim und Basel 1973, S. 61. Zur Einteilung dialektaler und einheitssprachlicher Einheiten in vier Klassen vgl. a. a. O., S. 62.

Nach AMMON lassen sich solche dialektale oder hochsprachliche Einheiten in vier verschiedene Klassen einteilen. Mit Hilfe dieser Einteilung können die einzelnen Einheiten gemäß ihrem Dialektniveau in dialektalen Stufenleitern geordnet werden. Dabei wird "die Relation der Stufen zueinander (...) durch das Zeichen < aus der Mengenlehre" ausgedrückt, wobei "die Stufe vor dem geschlossenen Pfeilende" diejenige mit dem stärkeren Dialekt und somit dem kleineren Gebrauchsradius ist.[23] Es sei hier als Beispiel einer dialektalen Stufenleiter im Schwäbischen nach AMMON genannt: *faef < fenf < finf < fünf* für "fünf"[24].

Für dialektale Abstufungen in einem ganzen Satz gibt R. GROSSE ein Beispiel aus dem Meißnischen:[25]
"(1) *s ward bae uanfang mid rain;* (2) *s ward bale anfang mit ran;* (3) *s wärd balde anfang mit rächn;* (4) *s wird balde anfang dse rächn* (5) *s wird bald anfang dsu rechnen*"

Vor Entwicklung der Einheitssprache konnte Dialekt als einzige in einem Raum gesprochene Sprache betrachtet werden. Heute ist "die Tatsache bestimmend, dass ein Dialekt eine Substandard-Varietät ist, dass er in jedem Fall von einer sprachsoziologisch übergeordneten Standardsprache überdacht ist."[26] Vor diesem Hintergrund definiert H.-D. SCHLOSSER Dialekt als "eine für die offizielle Kommunikation nicht zugelassene Sprachvarietät", die "in einem begrenzten geographischen Raum gebraucht" wird und sich "systematisch (...) vom hochdeutschen Standard unterscheidet"[27]. SCHLOSSER unterscheidet 'neue Dialekte', die durch eigene Intonation,

---

[23] a. a. O., S. 64. AMMON betrachtet die beschränkte kommunikative Reichweite (Gebrauchsradius) als wichtiges Kriterium zur Definition von Dialekten (vgl. AMMON, U.: Begriffsbestimmung und soziale Verteilung des Dialekts. In: AMMON, KNOP, RADTKE (Hg.): Grundlagen einer dialektorientierten Sprachdidaktik. Weinheim und Basel 1978, S. 49 ff.

[24] Beispiel entnommen aus AMMON, U.: Dialekt und Einheitssprache in ihrer sozialen Verflechtung, S. 110.

[25] Beispiel entnommen aus KÖNIG, W.: dtv-Atlas zur deutschen Sprache. München 1996, S. 135.

[26] MATTHEIER, K. J.: Pragmatik und Soziologie der Dialekte. Heidelberg 1980, S. 12f.; zitiert aus: EGELHOF, F.: Ortsgrammatik: Modell eines Projekts zur Spracherkundung. Wissenschaftliche Hausarbeit zur Ersten Staatsprüfung für das Lehramt an Grund- und Hauptschulen in Baden-Württemberg (Zula 4845), S. 4.

[27] SCHLOSSER, H.-D.: Dialektgebrauch in der Schule: Informationen, Bedingungen, Möglichkeiten. Alsbach/Bergstraße 1985, S. 21.

phonetische Merkmale und Kennzeichen in Wortschatz und Formenbildung von der Hochsprache abweichen, von 'traditionellen Dialekten', die zusätzliche phonetische, lexikale, morphologische und syntaktische Besonderheiten aufweisen. Dialekte sind nicht regellos, sondern besitzen ihre eigene Grammatik, deren Regeln meist unbewusst beachtet werden und die die Mundart von der Einheitssprache und von anderen Dialekten abgrenzen. Es fehlt aber im Vergleich zur Einheitssprache eine einheitliche Orthographie. Außerdem zeichnet sich Dialekt als gesprochene Sprache durch unkorrekten, oft unvollständigen Satzbau aus. Jeder Dialekt besitzt ein einheitliches System der Phonetik, Flexion, Konjugation, Wortbildung und Satzbau, es bestehen innerhalb eines Dialektraumes zwar lokale Unterschiede, vor allem in Lautung und Wortschatz (z. B. Ostschwäbisch - Westschwäbisch); solche Idiolekte sind in ihrer Systematik aber immer einem übergeordneten Dialekt zuzuweisen.

Wie jede gesprochene Sprache unterliegt Dialekt ständigen Veränderungen. In der zweiten Hälfte des 20. Jahrhundert ist die Hochsprache in vielen Bereichen vorgerückt und hat die Dialekte in ihrer Ausprägung beschnitten. Die Annahme der Dialektologie, dass heute vorwiegend die ältere Bevölkerung einen Dialekt noch "richtig" beherrscht, ist deshalb wohl nicht von der Hand zu weisen.

1.4 Dialekt und Einheitssprache

1.4.1 Zur sozialen Verflechtung von Dialekt und Einheitssprache

Mundart und regionale Umgangssprache unterliegen stets wechselseitiger Beeinflussung. In den letzten Jahrzehnten hat die Hochsprache begonnen, sich in allen Schichten weiter auszubreiten und die Dialekte aus verschiedenen Situationen im Alltagsleben zu verdrängen.

Die Einheitssprache war notwendig geworden, um den gesteigerten kommunikativen Bedürfnissen infolge des wachsenden Handels und der umfassenden Verbreitung von Schriftgütern, durch die Erfindung des Buchdrucks möglich gemacht, gerecht zu werden. Mit der Einführung der Schulpflicht wurde die Hochsprache auch der breiten Bevölkerung zugänglich, und die Möglichkeit, sie zu erlernen und zu beherrschen, blieb nicht länger ein Privileg der Oberschicht. Die zunehmende Industrialisierung und Verstädterung im 19. Jahrhundert und die großen Wanderbewegungen infolge der beiden Weltkriege im 20. Jahrhundert verliehen der Einheitssprache auch im täglichen Gebrauch größere Bedeutung. Nach dem Zweiten Weltkrieg ist die Entwicklung unserer Gesellschaft vor allem von wachsender Mobilität durch bessere Infrastruktur und Motorisierung, von Urbanisierung, Rückgang der Landwirtschaft, Wachstum des Dienstleistungssektors und gigantischem Wachstum der Massenmedien geprägt. Nie zuvor hatte man so viel Freizeit zur Verfügung, die zusammen mit dem allgemeinen Wohlstand immer mehr und weitere Reisen ermöglicht. Wochenendfahrten auf das Land werden für einen Großteil der Stadtbevölkerung zur Selbstverständlichkeit. Dies sind Faktoren, die sämtlich zur Verbreitung der Einheitssprache und zum Zurückdrängen der Mundart beitragen, denn der Funktionsraum von Dialekt ist beschränkt, und "abstraktere Zusammenhänge können im Dialekt sehr viel schwerer erfasst und bewältigt werden"[28].

Schon seit längerer Zeit zeichnet sich ein "Schwund einzelner dialektaler Formen" bei bestimmten Bevölkerungsgruppen bei gleichzeitig wachsendem Verwenden der Einheitssprache ab.[29] Jedoch, die bleibende Prägung durch die Sprachform, in der eine Person sozialisiert wurde, ist nicht zu unterschätzen. Personen, die im Dialekt aufgewachsen sind, kehren selbst nach längerem Aufenthalt in einem anderen Dialektgebiet, während dem für sie die Verwendung der Hochsprache im Alltag selbstverständlich geworden war, zur heimatlichen Mundart zurück, sobald sie wieder in die Umgebung kommen, in der diese gesprochen wird. Solche Prozesse des Codeswitchings, d. h. des Wechsels von einer Sprachebene in eine andere, gehen in der Regel erstaunlich schnell vonstatten, wie wohl jeder Dialektsprecher in einer solchen Situation an sich selbst beobachten kann. Dieses Phänomen lässt auf eine wichtige Qualität der Mundart schließen, auf die BAUSINGER verweist: "Dialekt schafft eine Art örtlicher oder regionaler Identität, er vermittelt das Gefühl der Übereinstimmung, der Sicherheit, des Immer-so-gewesen-seins".[30] Ein weiterer Vorteil der Mundart liegt in ihrer größeren Differenziertheit und größerem Wortreichtum, z. B. bei Be-

---

[28] BAUSINGER, H. u. a. (Hg.): Dialekt als Sprachbarriere? Tübingen 1973, S. 21.
[29] AMMON, U.: Dialekt und Einheitssprache in ihrer sozialen Verflechtung. Weinheim und Basel 1973, S. 10.

zeichnungen für manuelle Tätigkeiten, Vorgänge oder auch in landwirtschaftlicher und handwerklicher Fachsprache.

Trotzdem ist festzustellen, dass heute auch in ländlichen Gegenden Eltern, die selbst ausgeprägten Dialekt sprechen, ihre Kinder zunehmend in der Hochsprache oder in einer standardnahen Mundart erziehen, um der Notwendigkeit, die Hochsprache zu beherrschen, gerecht zu werden. Es darf wohl davon ausgegangen werden, dass heute die gesamte deutsche Bevölkerung (eingebürgerte Ausländer mit deutschem Pass vielleicht ausgenommen) die Einheitssprache zumindest passiv beherrscht. AMMON äußerte dagegen noch vor 25 Jahren große Zweifel daran, ob die breite Bevölkerung wirklich in der Lage ist, die Hochsprache "auch nur annähernd normgerecht zu sprechen".[31] Noch immer gibt es Bevölkerungsgruppen, die mit Hochsprache direkt fast nie in Berührung kommen und sie deshalb nicht sprechen können.

Während 'Dialekt' im Zuge dieser Entwicklung hin zur Einheitssprache mehr und mehr als ein System regional gültiger sprachlicher Eigentümlichkeiten betrachtet werden kann und vor allem in der Sprache der jüngeren Bevölkerung traditionelle Mundart durch abgeschwächte Dialektismen innerhalb der lokalen Umgangssprache ersetzt wird, beschränkt sich der Einfluss der Mundart auf die Einheitssprache heute weitgehend auf Variationen in der Aussprache (wo die regionalen Unterschiede am deutlichsten zu erkennen sind), weniger in Wortschatz und Grammatik. Dialekt ist heute der Einheitssprache untergeordnet und verliert an Bedeutung; mehr und mehr wird die Mundart gar als eine fehler- und mangelhafte Abart der Hochsprache mit geringem Prestige betrachtet. Umfragen über Prestige und Ansehen von deutschen Dialekten haben ergeben, dass die bairische Mundart hiervon am wenigsten betroffen ist; das Schwäbische oder Sächsische dagegen genießen eher wenig Prestige in der deutschen Bevölkerung. Vom Klischee der gebildeten Stadtbevölkerung, deren Sprache eher einheitssprachliche Züge trägt, und der ungebildeten Landbevölkerung, die in der Mundart aufgewachsen sind und die Hochsprache nur mangelhaft oder gar nicht beherrschen, sind aber alle deutschen Mundarten betroffen. Dieses Klischee hat wohl schon bald nach der Entstehung der Einheitssprache begonnen, sich festzuset-

---

[30] BAUSINGER, H. u. a. (Hg.): Dialekt als Sprachbarriere? Tübingen 1973, S. 11-12.
[31] a. a. O.

zen, es ist aber keineswegs auf Deutschland beschränkt: In Norwegen etwa schauen die Bewohner der Hauptstadt auf die Landbevölkerung der Fjorde an der Westküste herunter, die einen völlig anderen Dialekt spricht, und sogar in der Schweiz, wo die Mundart mindestens gleich hohes Ansehen wie die Hochsprache genießt, macht man sich gerne über die sprachlichen Eigentümlichkeiten des Nachbardorfes lustig.

Verschiedene Untersuchungen weisen auf das Sprachbarrierenproblem hin. Es wird untermauert, dass sich Schüler und Schülerinnen, die im Dialekt sozialisiert wurden, mit dem Erwerb orthographischer und grammatikalischer Regeln der Schriftsprache im Allgemeinen schwerer tun. Auch kennen viele Deutschlehrer (und möglicherweise viele Menschen aus eigener Erfahrung ihrer Schulzeit) das Problem, "dass Schüler, die im Dialekt Erzählfreude und oft hohes sprachliches Können zeigen, stumm wurden, wenn sie angehalten waren, die Hochsprache zu gebrauchen."[32] Vor diesem Hintergrund erscheint es allzu verständlich, dass in der Spracherziehung, angefangen beim Elternhaus und im Kindergarten, der Trend hin zur Einheitssprache geht.[33]

Ulrich AMMON führte im Jahr 1973 eine empirische Untersuchung zur sozialen Verflechtung von Dialekt und Einheitssprache durch und kam dabei zu folgenden Ergebnissen:[34]

- In den niedrigeren sozialen Schichten wird weniger die Einheitssprache gesprochen als in den höheren Schichten;
- Insgesamt sprechen Männer eher die Einheitssprache als Frauen, bei gleichem Alter und gleicher Berufsgruppen tendieren Frauen jedoch mehr zur Einheitssprache hin;
- Beim Altern wandelt sich die Sprache in Richtung Mundart;

---

[32] LÖFFLER, H.; BESCH, W.: Dialekt/Hochsprache - kontrastiv. Sprachhefte für den Deutschunterricht. Heft 3: Alemannisch. Düsseldorf 1977, S. 16.

[33] Zur Sprachbarrierenproblematik sei auf BAUSINGER, H. u. a. (Hg.): Dialekt als Sprachbarriere? Tübingen 1973, verwiesen, darin insbesondere auf Ulrich AMMONs Beitrag "Die Schwierigkeiten der Dialektsprecher im Leseunterricht", S. 111 ff., sowie die von demselben Autor zusammengestellte Auswahlbibliographie zum Thema, S. 133 ff.

[34] Die Ergebnisse sind hier nur unvollständig und in aller Kürze dargestellt. Aufbau, Durchführung und Ergebnisse der Untersuchung sind ausführlich dokumentiert in: AMMON, U.: Dialekt und Einheitssprache in ihrer sozialen Verflechtung. Weinheim und Basel 1973. Eine kurze Zusammenfassung findet sich in: AMMON, U.: Dialekt, soziale Ungleichheit und Schule. 2. Auflage. Weinheim und Basel 1973, S.93-100.

- Die junge Generation gebraucht eher die Hochsprache als die mittlere Generation;
- Dialekt nähert sich fortschreitend, aber langsam an die Standardsprache an.

Allen Untergangsprophezeiungen zum Trotz hat die Mundart bis heute überlebt und wird innerhalb der ihr angestammten Kommunikationssituationen (deren Anzahl gewiss immer geringer wird) noch immer gesprochen, eine These, die durch diese Arbeit untermauert werden wird. Vor allem "im täglichen Kontakt der Familie, Freunde und auch am Arbeitsplatz"[35] dominiert Dialekt noch immer über die Einheitssprache und hat gerade in diesem Bereich seine unbestreitbare Existenzberechtigung. Die ausgeprägte, 'reine' Mundart, wie sie heute von der älteren Bevölkerung noch beherrscht wird, wird man jedoch in einigen Jahrzehnten in dieser Form wohl nicht mehr antreffen. Lokale Idiome bilden regionale Umgangssprachen aus und verschmelzen in ihren Eigentümlichkeiten zunehmend miteinander. Heute verfügen erwachsene Dialektsprecher "in der Regel über mehrere 'Sprachlagen'", die sie "situationsgerecht einzusetzen" gelernt haben.[36] Die Anzahl der hochdeutsch sprechenden Bevölkerung wächst analog zum Rückgang des Dialekts. Ist diese "mehr oder weniger erzwungene Entfernung vom Dialekt", von der Dialektologie gerne beklagt, "überhaupt verantwortbar?", fragt BAUSINGER und warnt vor allzu übertriebener "Überanpassung", "Überkorrektheiten", "Entfremdung (...) von der übrigen Familie" und Identitätsverlust als Folge. Dialektanklänge sollten toleriert und als Bereicherung der Einheitssprache gesehen werden. Es sei "nicht einzusehen, dass ein schwäbischer Tonfall bei Minister- und früher auch Bundespräsidenten als besonders anheimelnd gelobt wird, dass aber dialektal gefärbte Beiträge in der kommunalpolitischen Diskussion oder auch in der Schule disqualifiziert werden."[37]

1.4.2 Dialektologie

Die Dialektologie ist innerhalb der Sprachwissenschaft ein relativ junger Zweig. Pioniere der Aufzeichnung landschaftlicher Besonderheiten in gesprochener Sprache

---

[35] LÖFFLER, H.; BESCH, W., a. a. O., S. 21.
[36] a. a. O., S. 20.
[37] Zitate bei BAUSINGER, H. u. a. (Hg.), a. a. O., S. 22-24.

schon in der zweiten Hälfte des 18. Jahrhunderts waren vor allem in Niederdeutschland RICHEY, STROTHMANN, TILING und DREYER, im Süden SCHMIDT. Mit der Hinwendung der Sprachforschung zur Sprachgeschichte und historischen Grammatik und später zur räumlichen Gliederung der Sprache begann Ende des 19. Jahrhunderts "die von den Junggrammatikern unter grammatikalischen Gesichtspunkten begonnene Mundartforschung" und "erlebt nun als Dialektgeographie eine besondere Blüte"[38]. Vorangetrieben wurde diese Entwicklung von Sprachforschern wie Jacob GRIMM, F. J. STALDER und J. A. SCHMELLER. Es entstanden zahlreiche Dialekt-Wörterbücher, zuerst für schweizerische und bairische Mundarten. In Deutschland wurde durch die Erfassung Georg WENKERS mittels Sprachbögen ab 1876 nach und nach das gesamte deutsche Sprachgebiet in seiner dialektalen Struktur erfasst. In den Jahren 1926 bis 1956 entstand der *Deutsche Sprachatlas (DSA)*, der mit 52 800 ausgefüllten Fragebogen eine beispiellose Fülle an Belegen erreicht; später wurde der *Deutsche Wortatlas (DWA)* nach einer Erhebung von Walther MITZKA veröffentlicht.[39] Wichtige Vertreter der Mundartforschung im alemannisch-schwäbischen Raum sind Karl HAAG *(Die Mundarten des oberen Neckar- und Donaulandes,* 1898) und Karl BOHNENBERGER *(Die Mundarten Württembergs,* 1928, und *Die alemannische Mundart,* 1953).

Als Definition von Dialektologie sei der Niederländer Jan GOOSSENS zitiert: "Unter Dialektologie verstehen wir die Abteilung der Areallinguistik, die die diatopische Erforschung von Dialekten zur Aufgabe hat. Ihr Arbeitsinstrument ist die Sprachkarte. Diese liefert dem Dialektologen eine visuelle Darstellung der dialektalen Übereinstimmungen und Unterschiede und setzt ihn so in den Stand, diese zu interpretieren."[40]

Dialektologie befasst sich einerseits mit der Analyse der Linguistik von Dialekten, d. h. ihrer Grammatik (Lautlehre, Formenlehre, Syntax) und Wortlehre (Lexikologie und Namenkunde), andererseits aber auch mit den vertikalen Differenzierungen innerhalb der Dialekte, d. h. der Abweichungen in Abhängigkeit vom individuellen

---

[38] MOSER, H.: Deutsche Sprachgeschichte. 6. Auflage. Tübingen 1969, S. 35.
[39] vgl. MITZKA, W.: Handbuch zum Deutschen Sprachatlas. Marburg 1952.
[40] GOOSSENS, J.: Deutsche Dialektologie. Berlin und New York 1977, S. 23.

Sprecher, sowie mit dem Verhältnis des Dialektes zur Hochsprache.

1.5 Die Dialekte innerhalb des deutschen Sprachraumes

1.5.1 Zur Gliederung und Abgrenzung der Dialekte des deutschen Sprachraumes

Eines der Hauptziele der Mundartforschung war immer, die Mundarten innerhalb eines Sprachgebietes voneinander abzugrenzen und in übergeordneten Einheiten zusammenzufassen. Im 19. Jahrhundert ging die noch junge Mundartforschung noch davon aus, dass die "modernen Mundartgrenzen" mehr oder minder mit den "ursprünglichen Siedlungsgebiete(n) der germ. Stämme" übereinstimmten; nach neueren Erkenntnissen ist diese These jedoch nicht haltbar: nach der Zeit der Völkerwanderung und Neubesiedelung hat "eine so große Anzahl von Sprach- und Sprecherbewegungen stattgefunden, dass die heutigen Sprachgrenzen Ergebnis der verschiedensten Typen von Entwicklungen sind."[41] So gab es aus vielfältigen Gründen wirtschaftlicher, religiöser oder politischer Art auch "Siedelbewegungen innerhalb älter besiedelter Gebiete", die "Inseln in den sie umgebenden älter besiedelten Landschaften" bildeten. Noch in der heutigen Zeit, in der sich die Dialekte allgemein der Hochsprache annähern und überregionale Verkehrs- und Umgangssprachen an Bedeutung gewinnen, ändern sich die Mundartgrenzen, und die Unterschiede zwischen den Dialekten werden geringer und undeutlicher.

Der territorialen Gliederung Deutschlands im späten Mittelalter wird "die größte Wirkung auf das dialektgeographische Bild" der Gegenwart zugeschrieben, da diese frühen Staatsgebilde relativ lange Bestand hatten und die Grenzen stabil waren. "Die relative Einheitlichkeit" eines Sprachraumes (wie z. B. des bairischen) lassen auf "politische Kontinuität" schließen; sprachliche Zerrissenheit eines Gebietes, wie sie für den ganzen südwestdeutschen Raum charakteristisch ist, ist analog dazu auf einen Mangel an Kontinuität, eine große Anzahl kleiner Fürsten- oder Herzogtümer innerhalb jenes Raumes und anhaltend instabile und wechselhafte Machtverhältnisse

[41] KÖNIG, W., a. a. O., S. 143; folgende Zitate ebenda.

zurückzuführen. Zum anderen waren immer auch geographische Gegebenheiten maßgeblich an der Ausbildung relativ einheitlicher Sprachräume beteiligt, wie z. B. der Schwarzwald, der heute noch als Sprachscheide zwischen schwäbischer und südalemannischer Mundart zu identifizieren ist. Heutige politische Grenzen, auch zwischen den Bundesländern, spielen ebenfalls eine Rolle, vor allem bei der Entstehung regionaler Umgangssprachen. Zum Beispiel tendiert die fränkische Umgangssprache innerhalb Baden-Württembergs zum Schwäbischen hin.

Zur Abgrenzung der verschiedenen Dialektlandschaften hat sich das Sprachatlasverfahren, das hauptsächlich auf Walther MITZKA zurückgeht, bewährt. Mit Hilfe von Fragebögen wurde der *Deutsche Wortatlas (DWA)* konstruiert, dessen Ergebnisse sich auf die Ebene der Wortgeographie beschränken. Unterschiede zwischen zwei benachbarten Siedlungen hinsichtlich eines Wortes kann man als *Isoglossen* auf einer Karte darstellen. So werden "Landkarten zu Sprachkarten". Anhand dieser Isoglossen kann man Grenzen zwischen benachbarten Mundarten festlegen. Je mehr Isoglossen auf einer Linie zwischen zwei Ortschaften liegen, desto höher ist die Kategorie der Sprachgrenze zwischen diesen Orten, und bei einer sehr hohen Zahl von ermittelnden Unterschieden kann eine Grenze zwischen zwei Dialekten gezogen werden, wobei es keine festen, starren Grenzen gibt, bei deren Übertreten sich die Sprache der Bevölkerung plötzlich radikal ändert, sondern die Übergänge sind entlang einer solchen Linie natürlich fließend und oft noch weit ins Hinterland hinein anhand weiterer Isoglossenbündel festzustellen. "Die Grenzen für die Unterschiede (...) lassen sich im allgemeinen nur für die Einzelerscheinungen einigermaßen scharf ziehen", wobei es immer noch Abweichungen zwischen "den verschiedenen sozialen und Altersschichten innerhalb derselben Ortsgemeinschaft" geben kann.[42] Auch gibt es "in der Regel kein Merkmal, welches für den ganzen Bereich einer Mundart Gültigkeit hätte", also finden wir Isoglossen ebenso zwischen Ortschaften desselben Dialektbereiches. Oft sind solche Unterschiede schon von Dorf zu Dorf hörbar.

Im allgemeinen wird zur Gliederung der deutschen Mundarten von zwei so genannten 'Altstämmen', denen alle Dialekte unterzuordnen sind, ausgegangen: dem

---

[42] MOSER, a. a. O., S. 185; folgende Zitate ebenda.

Niederdeutschen, worunter teils das ganze Gebiet nördlich der Grenze der zweiten Lautverschiebung (...), teils nur das Niedersächsische"[43] verstanden wird, und dem *Hochdeutschen* unterhalb dieser Grenze. Nach MOSER[44] ergibt sich folgende Einteilung:

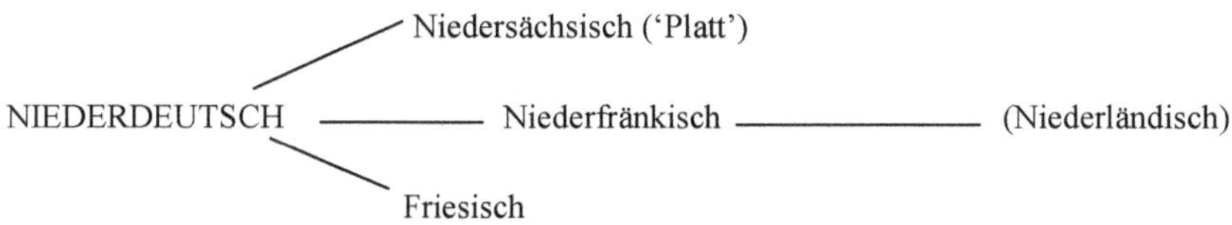

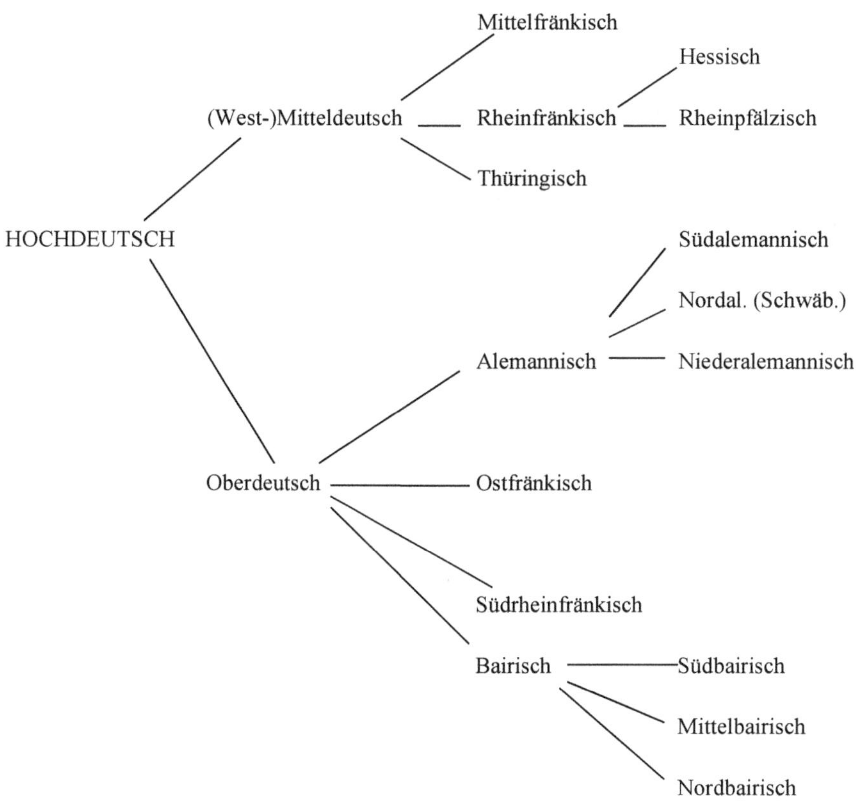

[43] MOSER, a. a. O., S. 187.
[44] vgl. a. a. O., S. 187-192.

Unter den 'Neustämmen' versteht man die Siedler des früheren ostdeutschen Kolonisationsgebietes. Aus dem niederdeutschen Raum stammende Siedler bildeten das *Brandenburgische* und das *Niederpreußische* aus, im ostmitteldeutschen Gebiet entstanden das *Obersächsische, Schlesische* und die Mundart der Sudetendeutschen.

KÖNIG zählt außerdem das eng mit dem Obersächsischen verwandte Thüringische zu den ostmitteldeutschen Mundarten. Hier wird außerdem das Westmitteldeutsche in das Rheinfränkische, das Moselfränkische und die ripuarische Mundart in Köln aufgegliedert.[45] Eine Übersicht liefert folgende Karte aus dem "dtv-Atlas zur deutschen Sprache".[46]

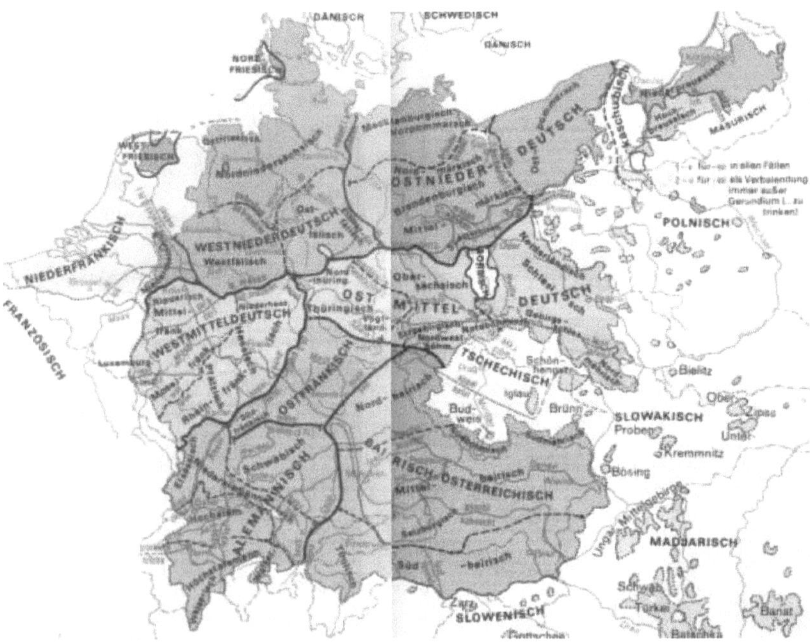

---

[45] KÖNIG, a. a. O., S. 62.

[46] Der Abdruck dieser Karte erfolgt mit freundlicher Genehmigung des Deutschen Taschenbuch Verlags (dtv), München. Entnommen aus: a. a. O., S. 230-231.

1.5.2 Die Dialekte in Württemberg

Nach MOSERs Einteilung treffen in Baden-Württemberg zwei oberdeutsche Sprachfamilien aufeinander: das Südrheinfränkische (Südfränkisch, Halbfränkisch) im Norden und die alemannischen Dialekte im Süden. Beide Mundartfamilien reichen bis weit über die Grenzen des Bundeslandes hinaus. Das Alemannische wird gegliedert in:

- das Höchstalemannische der Schweiz
- das Hochalemannische in der Nordschweiz und dem Südende Badens
- das Niederalemannische an Bodensee, im Elsass, südlich von Karlsruhe entlang des Rheins und im österreichischen Vorarlberg
- das Nordalemannische, das als Schwäbisch bezeichnet wird und im Hauptteil Alt-Württembergs sowie in Bayrisch-Schwaben gesprochen wird.[47]

Die Einteilung der Mundarten in Württemberg nach BOHNENBERGER unterscheidet sich von diesem Schema geringfügig: "Die Volkssprache Württembergs ist *zweigeteilt.* Sie setzt sich wie die Bevölkerung des Landes zusammen aus einem *schwäbisch-alemannischen* Teile im Süden und einem fränkischen im Norden. Beide Teile enthalten dann aber nochmals zwei erheblich verschiedene Stücke. Der südliche besteht aus einem *schwäbischen* und einem *niederalemannischen,* der nördliche aus einem *rheinfränkischen* und einem *ostfränkischen* Sonderteile."[48] BOHNENBERGER weist darauf hin, dass "das *Rheinfränkische* und das *Ostfränkische* zwei von Alters geschiedene Hauptmundarten" bilden, nach MOSERs Schema eben eine mitteldeutsche und eine oberdeutsche Mundart, während die ersten beiden gemeinhin als schwäbisch-alemannische Mundart bezeichnet werden, die sich östlich bis zum Lech und südlich bis zu den Alpen erstreckt.[49] Die folgende Karte zeigt das Verbreitungs-

---

[47] vgl. Karte aus KÖNIG, a. a. O., auf der vorhergehenden Seite.

[48] BOHNENBERGER, K.: Die Mundarten Württembergs. Stuttgart 1928, S. 1.

[49] Gegenstand dieser Arbeit ist die nordalemannisch-schwäbische) Mundart, wie sie im alten wirtenbergischen Gebiet im allgemeinen und in Urbach an der Rems im besonderen gesprochen wird. Die fränkischen und restlichen alemannischen Mundarten werden nicht weiter berücksichtigt.

gebiet der schwäbischen Dialekte und seine Grenzübergänge zu den fränkischen, alemannischen und bairischen Nachbarmundarten.[50]

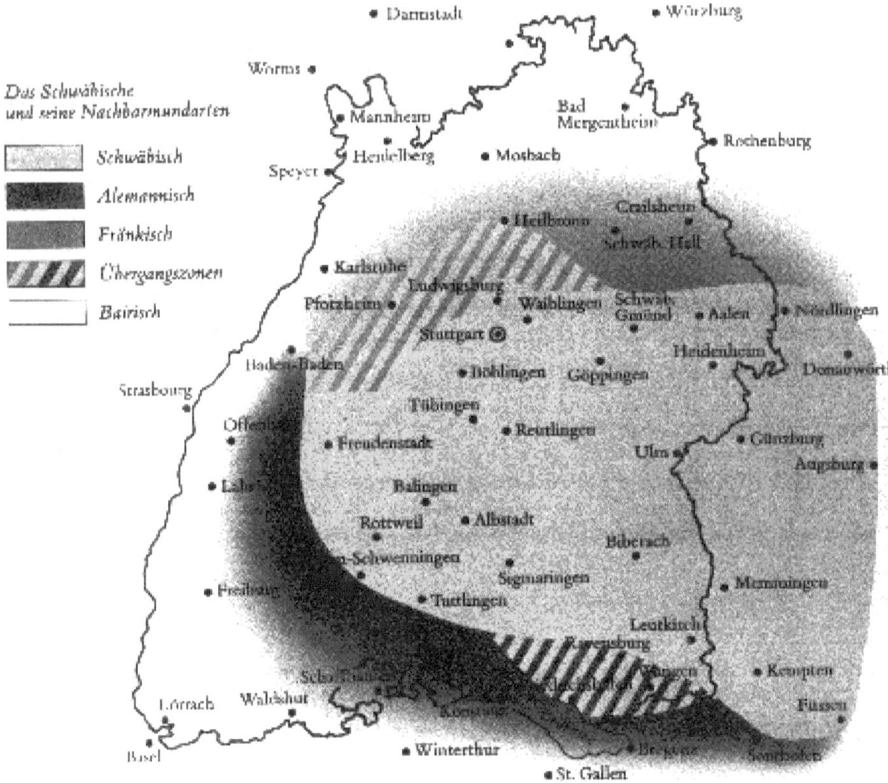

1.5.2.1 Die Grenze zwischen Schwäbisch und Fränkisch

Der fränkische Sprachraum liegt Urbach am nächsten und hat insofern unter allen Nachbarmundarten den stärksten Einfluss auf den Ortsdialekt. Die schwäbisch-fränkische Sprachgrenze verläuft knapp 20 km nördlich von Urbach: "Das schwäbische Gebiet reicht nordwärts bis Nagold, Leonberg, Markgröningen, Großbottwar, Backnang, Welzheim, Gschwend, Jagstzell-Ellwangen"[51], ist bei BOHNENBERGER

---

[50] Die Karte ist entnommen aus: FEINÄUGLE, N.; FISCHER, H.: Wie dr Schwob schwätzt. Reiz und Reichtum der schwäbischen Mundart. Stuttgart 1990.

[51] BOHNENBERGER, a. a. O., S. 4.

zu lesen. Jedoch: "Seit der Jahrhundertmitte gewinnt das Schwäbische immer mehr an Boden. Es drängt sich stellenweise schon ins Gebiet des reinen Fränkisch (Löwensteiner und Haller Raum) vor".[52] Zwischen dem schwäbischen und dem fränkischen Sprachraum besteht ein sehr breiter 'halbfänkischer' oder 'vorfränkischer' Übergangsraum, in dem sich beide Mundarten variationsreich vermischen. Die Abgrenzung des Schwäbischen vom Fränkischen geschieht zum einen durch den Unterschied in "der Aussprache des altdeutschen Zwielautes *ei*, wie er vorliegt in 'breit, eigen, Seil'"[53]: schwäbisch wird hier /òe/ bzw. /òá/ im Westen gesprochen, während das Fränkische sich wie die Standardsprache verhält und /ae/ spricht (oder /a:/). Eine weitere Isoglosse bildet das Wort 'mähen' in der 3. Person Plural, das schwäb. 'mähet'/'määd' heißt, fränkisch 'mähe', außerdem von Bedeutung sind folgende Unterschiede:

- fränk. /ò:/ gg. schwäb. /a:/ wie in Hase: *Hòòs - Haas*, Wagen: *Wòchá - Wagá*
- fränk. /v/ gg. schwäb. /b/ wie in oben: *òwá - oobá*, Garben: *Garwá - Garbá*
- fränk. /x/ gg. schwäb. /g/ wie in sagen: *sòòchá - saagá*
- Die Verkleinerungsformen: fränk. -lich (*Haislich*) gg. schwäb. -lé (*Heislé*)

1.5.2.2 Die Grenze zwischen Schwäbisch und Alemannisch

Das Übergangsgebiet zwischen Schwäbisch und Niederalemannisch verläuft entlang einer Linie der Städte Baden-Baden, Villingen-Schwenningen, Tuttlingen, Friedrichshafen. "Das Niederalemannische beginnt" nach BOHNENBERGER "mit Schramberg, Schwenningen, Möhringen a. D., Stockach, Ravensburg, Isny, Sonthofen"[54].

---

[52] LUTZ, W., mit SCHEIBLE, E. (Hg.): Kennzeichen WN. Heimatkunde für den Rems-Murr-Kreis. Lörrach, Stuttgart 1990., S. 188.
[53] a. a. O., S. 3.
[54] a. a. O., S. 4.

Das Schwäbische wird vom Niederalemannischen vor allem anhand "der Aussprache der altdeutschen langen Selbstlaute *î, û,* die in der Schriftsprache als ei, au erscheinen"[55], abgegrenzt: so heißen *Eis, Zeit, Haus* niederalemannisch *Iis, Ziit, Huus*, dagegen schwäbisch *Eis, Zeid, Háus* mit geschlossenen Diphthongen. Das Niederalemannische hat also die hochdeutsche Diphthongierung im Gegensatz zum Schwäbischen nicht durchgeführt. Der zweite wichtige Unterschied liegt in der Bildung des Partizip II von *sein*: das Alemannische *gsi* oder *gsai* geht auf den Infinitiv zurück, während wir im schwäbischen *gwäá, gwä, gwäsá,* deutlich die hochdeutsche dritte Stammform des Verbs wieder erkennen.

1.5.2.3 Die Gliederung der schwäbischen Mundarten

Innerhalb des schwäbischen Sprachgebietes finden sich zahlreiche regionale Dialekte mit signifikanten Unterschieden. Zur Erklärung der sprachlichen Vielfalt des Schwäbischen sei auf die politische Struktur Südwestdeutschlands zur Zeit Napoleons, also Anfang des 19. Jahrhunderts, verwiesen. Die damals herrschende Zerrissenheit des heutigen Baden-Württemberg in eine große Zahl kleiner weltlicher und geistlicher Herrschaftsgebiete hat zur Ausprägung der Mundartlandschaften wesentlich beigetragen"[56].

Für die Einteilung der schwäbischen Regionalmundarten gibt es einige, mehr oder weniger gebräuchliche und sinnvolle Ansätze. Karl HAAG zählt nicht weniger als "15 Landschaften, die auf dem Boden Württembergs sich unterscheiden lassen"[57]. Diese Mundartlandschaften, deren Namen aus den politischen Verhältnissen zu Zeiten des Heiligen Römischen Reiches Deutscher Nation hergeleitet wurden, gliedert HAAG in eine "*alemannisch-halbalemannische* Gruppe", bestehend aus dem Rottweilischen, dem Hohenbergischen bei Spaichingen, dem Ravensburgischen und dem Wangen-Isnyschen, in eine *fränkisch-hohenlohische* Gruppe, bestehend aus Hohenlohisch (Schwäbisch Hall, Crailsheim), Löwensteinisch, Pfälzisch und Würzburgisch

---

[55] BOHNENBERGER, a. a. O., S. 3.
[56] FEINÄUGLE/FISCHER, a. a. O., S. 26.
[57] HAAG, K.: Die Grenzen des Schwäbischen in Württemberg. Stuttgart 1946, S. 11.

im äußersten Norden; schließlich eine *schwäbische* Gruppe mit den regionalen Mundarten

- *Wirtenbergisch*, der größten Sprachlandschaft in Württemberg, die auf das Herzogtum Württemberg zurückgeht,
- *Donauländisch* auf dem Gebiet des alten Hohenzollern und in österreichischen Donaustädten,
- *Waldburgisch* etwa zwischen Biberach, Saulgau und Leutkirch,
- *Calwisch* im nordöstlichen Schwarzwald zwischen Pforzheim, Freudenstadt und Leonberg,
- *Enzländisch* etwa zwischen Bretten, Leonberg und Heilbronn,
- *Ellwangisch*, "der schwäbische Eckpfeiler gegen die fränkische Reichsstadt Hall"[58], auf dem Gebiet der Ostalb, nördlich bis vor die fränkischen Städte Gaildorf und Dinkelsbühl reichend, sowie
- *Ulmisch*, wie es in den alten Reichsstädten Ulm, Giengen a. d. Brenz, Aalen und Schwäbisch Gmünd beheimatet ist.

Karl BOHNENBERGER trennt in seiner "heimatkundlichen Sprachlehre" grob zwischen West-, Mittel- und Ostschwäbisch. Das Mittelschwäbische ist dabei die Mundart, die bei HAAG Wirtenbergisch heißt und auf dem Boden des ehemaligen Herzogtums gesprochen wird. Die Ortsmundart von Urbach gehört in diesen Bereich.

---

[58] a. a. O., S. 14.

Die gängigste Gliederung der schwäbischen Dialekte in fünf Sprachlandschaften zeigt folgende Karte:[59]

---

[59] Diese Karte ist entnommen aus FEINÄUGLE/FISCHER, a. a. O. (vom Verfasser modifiziert)

2. Vorüberlegungen zu Durchführung und Auswertung der Sprachaufnahmen

2.1 Die Tonbandaufnahme als Methode der Dialektforschung

Die "Tübinger Arbeitsstelle: Sprache in Südwestdeutschland" hat in der Zeit von 1955 bis 1970 eine umfangreiche Menge von Tonbandaufnahmen in Baden-Württemberg, Bayrisch-Schwaben, Vorarlberg und Liechtenstein gesammelt und ausgewertet, die nach Absicht des langjährigen Leiters der Arbeitsstelle, Arno RUOFF, "das Fundament für eine Grammatik der gesprochenen Sprache Südwestdeutschlands auf statistischer Grundlage (...) legen"[60] sollte. An diesem Vorbild orientiert sich die Anlage der Untersuchungen dieser Arbeit.

2.1.1 Zur Notwendigkeit von Tonbandaufnahmen für die Dialektologie

Es soll hier ausdrücklich darauf hingewiesen werden, dass Tonbandaufnahmen als Methode der Dialektforschung in der Sprachwissenschaft nicht unumstritten sind. So weigert sich beispielsweise Manfred BIERWISCH, Tonbandaufnahmen als "Datengrundlage einer wirklich erklärenden Grammatik"[61] anzuerkennen. John LYONS hingegen hält es für "selbstverständlich, dass 'gesprochene Sprache' untersucht werde, und zwar mit Hilfe einer Materialsammlung", die wegen der Gefahr des Einfließens bereits bestehender Vorstellungen von der Struktur des Untersuchungsgegenstandes möglichst nicht vom Untersuchenden selbst stammen und deren Umfang und Verschiedenartigkeit im Material ausreichend sein sollte, um eine angemessene Genauigkeit der Beschreibung zu gewährleisten. Auch Rainer GRAF kommt in seinem untenstehend mehrfach zitierten Referat nach längerer Argumentation zu dem Schluss, Soziolinguistik komme in der Sprachbeschreibung "nicht ohne die Ermittlung auch quantitativer Relationen aus", wie sie z. B. Tonbandaufnahmen liefern können. "Spätestens an diesem Punkt" sei die Methode, eigene oder fremde Kompe-

---

[60] AMMON, U.: Dialekt und Einheitssprache in ihrer sozialen Verflechtung. Weinheim 1973, S. 32.
[61] BIERWISCH, M.: Grammatik des deutschen Verbs. Berlin 1970, S. 8-11, zitiert in: BAUSINGER, H. (Hg.): Dialekt als Sprachbarriere?. Tübingen 1973, S. 163; folgende Zitate ebenda, S. 165, 169, 170, 172.

tenz zu befragen, unzureichend - das Heranziehen von (Tonband-)Material wird, so GRAF weiter, zur Notwendigkeit, sie sei "Bedingung nicht nur der größtmöglichen Sicherheit, sondern schon der Möglichkeit von Ergebnissen". Jan GOOSSENS bevorzugt zur Untersuchung bestimmter "lautlicher Aspekte der Sprache" Tonbandaufnahmen gegenüber der Erhebung mit Hilfe von Fragebögen. Für die Erfassung "sämtlicher Spracherscheinungen, die mit Hilfe von variablen Regeln beschrieben werden müssen", seien "Sammlungen von Tonbandaufnahmen (...) unentbehrlich"[62]. Nach LYONS entspricht es "dem Selbstverständnis gegenwärtiger Grammatik", die tatsächlich gesprochene Sprache zu untersuchen und nicht die Schriftsprache, für GRAF jedoch ist diese Behauptung Wunschdenken und trifft ebenso wenig zu wie die Annahme, die gegenwärtige Grammatik gehe "gewöhnlich" von Materialsammlungen aus. Gesprochene Sprache sei nicht nur die "phonologische Komponente einer Grammatik", sondern nach LYONS "das Primäre" und Grundlage für die Schriftsprache, die von der gesprochenen Sprache abgeleitet werde. Dialekt sei stets als gesprochene Sprache anzusehen und kann daher "notwendig nur als solche untersucht und beschrieben werden"[63]. Als Konsequenz daraus folgt zwingend die Forderung, Eigenarten, Möglichkeiten und Restriktionen gesprochener Sprache systematisch zu untersuchen.

Tonbandaufnahmen sind eine Möglichkeit, dieser Forderung gerecht zu werden, für GRAF sogar "unabdingbare Voraussetzung": tatsächlich von einem Informanten gesprochene Sätze seien generell Sätzen vorzuziehen, "die jemand sprechen würde"[64]. Im Folgenden sollen Bedingungen, Schwierigkeiten und Begrenzungen bei der Verwendung von Tonbandaufnahmen erörtert werden.

---

[62] GOOSSENS, J.: Deutsche Dialektologie. Berlin 1977, S. 68.
[63] BAUSINGER, H., u. a. (Hg.): Dialekt als Sprachbarriere? Tübingen 1973, S. 177.
[64] a. a. O., S. 180.

2.1.2 Voraussetzungen und zu erwartende Schwierigkeiten bei der Durchführung von Sprachaufnahmen

Um die im vorhergehenden Abschnitt erwähnte, vom Untersuchenden anzustrebende "größtmögliche Sicherheit der Ergebnisse" zu erreichen, sind bestimmte Voraussetzungen bei Durchführung und Analyse einer Aufnahme zu erfüllen.

2.1.2.1 Kriterien für die Auswahl der Informanten

Die Informanten sollten innerhalb des zu untersuchenden Dialektgebietes wohnen und dort aufgewachsen sein, damit eine Identifikation mit der heimatlichen Mundart gegeben ist. In der Regel wird der Untersuchende seine Informanten nicht vorher kennen. Es stellt sich die Frage, mittels welcher Methoden geeignete Personen zur Durchführung der Aufnahmen gefunden und gewonnen werden können. Das von der Tübinger Arbeitsstelle durchgeführte "Schneeballverfahren" (AMMON), nach dem "in den ausgesuchten Ortschaften" einfach "die erstbesten Personen angesprochen" wurden, kann zu schwer abschätzbaren "Selektionsmechanismen" führen, die grob gesagt eine Überrepräsentation ländlicher und älterer Bevölkerung zur Folge haben.[65] Alle Informanten sind dem Untersuchenden bereits lange Zeit vor Durchführung der Aufnahmen persönlich bekannt gewesen.

GOOSSENS nennt als Zahl der Gewährspersonen pro Ort, je nach Zielsetzung der Untersuchung, eine einzige bis sechs Personen. Für die Aufnahmen des Deutschen Spracharchivs wurden jeweils sechs Informanten pro Ort interviewt, wobei auf gleichmäßige Verteilung der Altersschichten Wert gelegt wurde. Diese Vorgehensweise dient als Orientierungshilfe für die Aufnahmen der hier durchzuführenden Untersuchung, in deren Rahmen jedoch die Gruppe der 30- bis 60-jährigen nicht berücksichtigt wurde. Auf diese Weise werden altersbedingte Unterschiede im Dialektgebrauch der Gewährspersonen noch deutlicher sichtbar werden.

Bei den Aufnahmen der "Tübinger Arbeitsstelle" wurde außerdem beachtet, dass auch in Bezug auf Bildung und Beruf die verschiedenen Bereiche möglichst gleichmäßig abgedeckt wurden. Trotzdem waren hier durch den Stichprobencharakter der

---

[65] AMMON, U.: Dialekt und Einheitssprache in ihrer sozialen Verflechtung. Weinheim 1973, S. 32

Untersuchungen "die ländliche Bevölkerung überrepräsentiert gegenüber der städtischen, die alte gegenüber der mittleren und jungen, die landwirtschaftliche gegenüber der übrigen"[66]. Daran ist die traditionelle Vorgehensweise der Dialektologie nicht ganz unschuldig: in der sicherlich nicht grundfalschen Annahme, hier auf den breitesten und ursprünglichsten Dialekt zu stoßen, hat sie immer vorzugsweise ältere, aus der Landwirtschaft stammende Gewährspersonen interviewt.

2.1.2.2 Zur Gefahr der sprachlichen Voreingenommenheit des Interviewers

Problematisch kann die Durchführung eines Interviews dieser Art werden, wenn der zu untersuchende Ortsdialekt sich in seiner Lautung stark von der Muttersprache des Interviewers unterscheidet. Dabei spielt es wohl weniger eine Rolle, ob der Interviewer selbst Mundart spricht oder ob er relativ dialektfreie Standardsprache gebraucht. Es besteht die Gefahr, die Lautung des eigenen "phonischen Musters", das "von der phonologischen Struktur und den phonischen Merkmalen seiner Muttersprache" abhängig ist, auch auf das zu untersuchende Sprachmaterial anzuwenden, was unvermeidlich zu Fehlern und Ungenauigkeiten in der Transkription führen muss, die auch erfahrenen Dialektforschern unterlaufen können.[67]

2.1.2.3 Zu Form und Rahmenbedingungen der Sprachaufnahmen

Die wohl größten Schwierigkeiten bringt die Form des Interviews selbst mit sich; mit Art und Weise der Durchführung des Interviews steht und fällt die Qualität seiner Ergebnisse. Auch ein noch so lockeres Gespräch in vertrauter, familiärer Atmosphäre, bei dem sich der Untersuchende und der Informant bereits längere Zeit gekannt haben, wird immer einen "offiziösen Charakter" [68] haben, der den Informanten dazu verleiten kann, nicht in dem Dialektniveau zu sprechen, wie sie es für gewöhnlich tun. Schon das Wissen um die Gegenwart eines Aufnahmegerätes verunsichert viele Informanten in nicht vorhergesehenem Maße, und auch der unterschiedliche soziale Hintergrund von Interviewer und Gewährsperson kann zu Nervosität und gravieren-

---

[66] a. a. O.

[67] GOOSSENS, J.: Deutsche Dialektologie. Berlin 1977, S. 69.

den Differenzen im Vergleich zu ihrem normalen Sprachgebrauch führen. Deshalb muss versucht werden, eine möglichst freundliche, ungezwungene Atmosphäre zu schaffen. Dazu gehört auch, eine Standardisierung der Thematik möglichst zu vermeiden, um die Informanten nicht zu irritieren. Alle Gespräche während der dieser Arbeit zugrunde liegenden Aufnahmen wurden frei und ohne thematische Festlegung geführt. Eine lockere Atmosphäre war jederzeit gegeben, da Interviewer und Informanten sich bereits vorher gekannt haben.

Der Informant wird in der Regel vor dem Gespräch über den Zweck der Aufnahmen in Kenntnis gesetzt werden - schon allein dadurch entsteht zwangsläufig eine Art künstliche Aufnahmesituation, die "sich nachteilig auf die Zuverlässigkeit des Materials auswirkt".[69] So besteht die Gefahr, dass eine Gewährsperson die Erläuterungen des Interviewers so versteht, dass sie ausgeprägten Dialekt benutzen soll und infolgedessen bewusst in einem anderen Dialektniveau spricht als in normalen Alltagssituationen. Noch wahrscheinlicher ist es, dass die Aufnahmesituation den Informanten zu einer Annäherung an die Einheitssprache animiert. Es kann vorkommen, dass in einem Satz verschiedene Dialektniveaus eines Wortes vorkommen oder dass in Richtung Mundart oder Einheitssprache nachträglich korrigiert wird. Dennoch erscheint es unrealistisch, den Gewährspersonen diese Informationen über den Zweck der Aufnahmen vorzuenthalten. Man müsste sich in diesem Fall eine Ausrede ausdenken, um das Interview überhaupt zu begründen. Gerade jüngere Informanten sind durch die Schule im Allgemeinen in der Hochsprache sozialisiert und werden sich dieser annähern, sobald das Thema des Interviews standardisiert wird.

In der bei Sprachaufnahmen trotz des offiziösen Charakters immer bestehenden Ähnlichkeit zu einer alltäglichen Kommunikationssituation liegt "die größte Gefahr für die Befragungsmethode": durch die Vertrautheit der Gesprächssituation unterliegen Interviewer und Gewährsperson stets der gegenseitigen Beeinflussung, auch was den Sprachcharakter anbelangt. Der Untersuchende muss sich dieser Problematik be-

---

[68] Vgl. AMMON, U.: Dialekt und Einheitssprache in ihrer sozialen Verflechtung. Weinheim 1973, S. 34 und 37.

[69] GOOSSENS, a. a. O., S. 68.

wusst sein und sie so gut wie möglich kontrollieren.[70] Er sollte sich der Sprechweise der Gewährsperson anzupassen versuchen, jedoch ohne dabei bemüht zu wirken und besonders ausgeprägte Dialektismen zu verwenden, die immer künstlich wirken werden und den Informanten im freien Gebrauch der Mundart hemmen können, da ihm sein eigener Sprachgebrauch dadurch möglicherweise unangenehm bewusst wird.

Die Möglichkeit, Sprachaufnahmen auf Tonbändern zu speichern, hat der Dialektologie neue Wege aufgezeigt und zur Gründung von Tonbandarchiven geführt, deren Material jedoch kaum in dialektgeographischer Hinsicht ausgewertet worden ist - diese Tatsache offenbart einen grundlegenden Mangel in der Verwertbarkeit von Tonbandaufnahmen: eine gezielte Erfassung z. B. von regional verschiedenen Bezeichnungen für bestimmte Begriffe ist nicht möglich, hierzu benötigte man Fragebögen; Tonbandaufnahmen von Informanten verschiedener Altersgruppen sind schwer vergleichbar, da die offenen Gespräche in stark unterschiedlichen Themenbereichen angesiedelt sein werden, es kann an ihnen also kaum die Entwicklung eines Ortsdialektes von einer Generation zur anderen abgelesen werden, zumindest was Veränderungen im Wortschatz anbelangt; wohl aber sollte es möglich sein, Unterschiede in Phonetik und Grammatik aufzuzeigen, da die Art und Weise, Wörter auszusprechen und sie grammatisch im Satz zu gliedern, doch als weitgehend unabhängig vom Thema des Gespräches betrachtet werden kann, auch wenn GOOSSENS der Meinung ist, für die Lautgeographie seien Wortlisten vonnöten.[71]

2.1.3 *Informationen zu den einzelnen Informanten*

Im Rahmen eines ähnlichen Projektes hat Felix EGELHOF im Jahr 1995 bereits "drei etwa gleich alte jüngere Informanten und eine ältere Informantin"[72] interviewt, wobei mit den jüngeren Informanten Vertreter der Altersgruppe bis 60 Jahre gemeint sind. Da durch diese Arbeit die Gruppe der über 25jährigen abgedeckt erscheint, wurden im Rahmen dieser Arbeit bevorzugt Angehörige der jungen Generation in-

---

[70] AMMON, U.: Dialekt und Einheitssprache in ihrer sozialen Verflechtung. Weinheim 1973, S. 34; dort zitiert aus: CLAESSENS, D., KLÖNNE, A., TSCHOEPE, A.: Sozialkunde der Bundesrepublik Deutschland, Düsseldorf, Köln 1965, S. 259, 264, 275-281, 309.

[71] Vgl. GOOSSENS, S. 68.

[72] EGELHOF, F.: Ortsgrammatik (Zula 4845), 1995, S. 30.

terviewt.. Zur Kontrastierung des Sprachgebrauchs wurden außerdem zwei ältere Informanten befragt. Eine Abdeckung aller Alters- und sozialen Schichten ist im Rahmen dieser Arbeit nicht möglich. Die Erhebung kann in diesem Sinne daher nie als repräsentativ bezeichnet werden, obwohl nach Ansicht des Verfassers alle aufgezeichneten sprachlichen Varianten dem Urbacher Ortsdialekt (in verschieden starker Annäherung an die Hochsprache) zugewiesen werden können. Im Anschluss seien einige Informationen über die einzelnen Gewährspersonen sowie über die Umstände der Aufnahmen gegeben. Alle Aufzeichnungen dauerten 90 Minuten und wurden teilweise stark zusammen geschnitten.

Die Interviews mit Friedrich W. (zum Zeitpunkt der Aufnahme 73 Jahre alt) und seiner Frau Brigitte W. (60 J.) wurden am 6. April 1998 von 15 bis 17 Uhr in deren Urbacher Wohnung durchgeführt, dabei zunächst mit der weiblichen Informantin, die im Alter von elf Jahren nach Urbach gezogen war, und anschließend mit Friedrich W., der in Urbach geboren und aufgewachsen ist. Brigitte W. ist Verkäuferin in einem Urbacher Supermarkt, Friedrich W. ist Rentner und war früher als Kraftfahrer bei einer Urbacher Firma tätig. Anfangs waren beide Informanten noch durch die fremdartige Aufnahmesituation verunsichert. Der Interviewer bemühte sich, 'eine normale Gesprächssituation' zwischen Onkel, Tante und Neffe zu schaffen, wie man sie vorher, bei Kaffee und Brezeln, schon des Öfteren gemeinsam hatte. Nach einiger Zeit war die Unsicherheit verflogen und die Informanten erzählten aus der Vergangenheit. Zwischenfragen des Interviewers dienten seltener zur Steuerung der Thematik, meist eher zur Auflockerung und Ablenkung vom Anlas des Interviews. Aus diesem Grund haben in der Transkription nur im Zusammenhang relevante Fragen und Kommentare, kursiv gedruckt, Erwähnung gefunden. Im Anschluss an die Aufnahme wählte der Verfasser einzelne, zur sprachlichen Analyse geeignete Abschnitte aus, nach Kriterien wie Inhalt und Verständlichkeit der Aufnahmen, nicht danach, wie ausgeprägt der gesprochene Dialekt war - dies wäre einer Art sprachlicher Vorzensur gleichgekommen.

Fast zwei Monate später, am 28. Juni 1998, fand die Aufnahme mit den Schülerinnen Christine S. (16 J.), Kerstin W. (16 J.) und Evelyn S. (14 J.) zwischen 15 und 17 Uhr im Zimmer eines der Mädchen statt. Die drei Informantinnen sind Schülerinnen desselben Gymnasiums in Schorndorf, wohnen von Kindheit an in derselben Straße in Urbach und sind fast ebenso lange befreundet. Bei dieser Aufnahme wurden normale

Alltagsgespräche aufgezeichnet. Die Mädchen waren im Vorfeld zwar über den Zweck der Aufnahme in Kenntnis gesetzt worden, ließen sich von dem mitlaufenden Aufnahmegerät offenbar aber in keiner Weise stören. Man kann natürlich nicht nachvollziehen, inwieweit der Anlas der Aufnahme in den Hinterköpfen präsent war. Die Mädchen waren nicht unter Druck, unbedingt etwas sagen zu müssen, so dass es auf der Kassette auch einige Leerstellen zu löschen gab. Bei dieser Aufnahme kam man dem Ziel einer völlig alltäglichen Gesprächssituation auf jeden Fall so nahe, wie es nur möglich zu sein scheint - mit dem Ergebnis, dass natürlich sehr viel durcheinander gesprochen wurde. "Zu einer gelungenen Aufnahme gehört, dass nicht mehrere Personen gleichzeitig sprechen" - Gerhard W. BAUR stellt diese These in den Raum, bleibt die Argumente dafür jedoch schuldig[73]. Nach Ansicht des Verfassers trägt aber gerade die lebhafte Kommunikation zwischen mehreren Gewährspersonen dazu bei, dass eine authentische Sprache gesprochen wird, die sich vom alltäglichen Sprachgebrauch der Gesprächspartner möglichst nicht unterscheiden soll. Auch Arno RUOFF hat "Spontanaufnahmen" mit mehreren Gewährsleuten durchgeführt. Nach Monika KIRCHHEIMER liegen die Schwierigkeiten bei solchen Aufnahmen vor allem bei der späteren Auswertung, nicht im Charakter der Aufnahmen - sie liegen also beim Interviewer. Da alle Mädchen dem Verfasser bereits vorher längere Zeit bekannt waren, war es kein Problem, bei der Auswertung das Gesprochene den Personen zuzuordnen. [74] Die Überlagerungen des Gesprochenen hielten sich so weit im Rahmen, dass das Gesagte durchweg verstanden und aufgeschrieben werden konnte. Ärgerlich ist in diesem Fall dagegen die akustische Qualität der Aufnahme. Es muss wohl nicht darauf hingewiesen werden, dass ein hochwertigeres Aufnahmegerät hier bessere Ergebnisse gebracht hätte, und dass während der Aufzeichnung (wenn auch nur im Hintergrund) mitlaufende Musik die spätere Auswertung nicht gerade vereinfacht. Bei der Auswahl der auszuwertenden Gesprächsabschnitte wurde hier vor allem Wert darauf gelegt, dass die Mädchen möglichst viel und der Interviewer wenig sprachen.

---

[73] BAUR, G. W.: Jetz' verzehla Se g'rad von Ihrem Aufwacksa!, zitiert aus: BAUSINGER, H. (Hg.): Redeweisen. Aspekte gesprochener Sprache. Tübingen 1990, S. 95.

[74] vgl. KIRCHHEIMER, M.: Zur Methodik der Untersuchung von Ortssprachen, in: BAUSINGER, H., u. a. (Hg.): Dialekt als Sprachbarriere? Tübingen 1973, S. 202.

Die letzte Aufnahme mit Sylvia K. (22 J.) und Heike M. (22 J.) fand in der elterlichen Wohnung des Verfassers bei Kaffee und Kuchen statt, wiederum zwischen 15 und 17 Uhr. Sylvia K. wohnt seit ihrem vierten Lebensjahr in Urbach, besuchte die Realschule und ist jetzt Bankkauffrau bei einer Stuttgarter Bank. Sie sagt von sich selber, sie habe als Kind sehr starken Dialekt gesprochen und sei oft nicht verstanden worden. Als es ihr an ihrer Arbeitsstelle genauso ging, näherte sie ihre Sprache dem Hochdeutschen an. Heike M. besuchte dieselbe Realschulklasse wie ihre Gesprächspartnerin, absolvierte ebenso eine Banklehre und ist in der Polizeiausbildung in Göppingen. Ihr Dialektniveau dürfte sich berufsbedingt nur wenig geändert haben. In diesem Gespräch übernahmen die beiden Informantinnen zum Großteil die Interviewerrolle mit und wechselten häufig und fließend das Gesprächsthema, so dass der Verfasser weitgehend passiv bleiben konnte und nicht dafür sorgen musste, dass das Gespräch nicht ins Stocken gerät.

Die Einstellung aller Gewährspersonen zum Dialekt ähnelt sich. Die Mundart wird von allen als wertvoll und erhaltenswert betrachtet und mit Attributen wie 'heimelig' und 'schön, wenn nicht zu extrem' umschrieben, wobei die drei Schulmädchen sich von der ausgeprägten Urbacher Mundart ein gutes Stück entfernt haben. Wichtig sei, dass man beide Sprachvarianten beherrsche, die Mundart und die Hochsprache, um sich außerhalb der eigenen Sprachregion verständlich machen zu können. In der Schule solle auf das Beherrschen der Hochsprache hin gearbeitet werden. Der Dialekt sei ein wichtiges Element zur Identifikation mit der Heimat, und man solle ihn nie ganz ablegen oder bei der Rückkehr aus der Fremde so tun, als hätte man die heimatliche Mundart verlernt.

2.2 Der Untersuchungsort: Geographie, Geschichte und Soziologisches

Als Ort der Untersuchung wurde Urbach im Rems-Murr-Kreis ausgewählt. Der Verfasser ist in Urbach aufgewachsen, hat dort 23 Jahre lang gelebt und spricht in Situationen mit privat-familiärem Charakter selbst die Mundart des Ortes.

2.2.1 Geographische Lage

Urbach (Rems-Murr-Kreis, knapp 8 000 Einwohner) liegt im mittleren Remstal, zwischen Schurwald im Süden, Wieslauftal im Nordwesten und Welzheimer Wald im Nordosten, in etwa 260 bis 280 Meter über dem Meeresspiegel. Die Landeshauptstadt Stuttgart liegt etwa 35 km, die Große Kreisstadt Schorndorf 4 km westlich von Urbach. Von Schorndorf aus ist Stuttgart per Auto, S-Bahn oder Regionalexpress in einer halben Stunde zu erreichen. Die Städte Göppingen im Süden, Backnang im Norden und Schwäbisch Gmünd im Osten (seit 1997 besteht eine durchgängig vierspurige Bundesstraße von Gmünd bis Waiblingen) sind jeweils etwa 20 bis 25 km entfernt. Die nur wenige Kilometer östlich, hinter dem Nachbarort Plüderhausen gelegene Kreisgrenze ist gleichzeitig das östliche Ende der Region Stuttgart. Für die Thematik dieser Arbeit interessant: mit dem Übergang zum Ostalbkreis beginnt hier nach der traditionellen Einteilung des Schwäbischen das ostschwäbische Sprachgebiet, beginnend mit der Stadt Lorch, die sprachlich dem Göppinger Gebiet zugerechnet wird, und östlich anschließend dem Schwäbisch Gmünder Raum, wie aus der untenstehend abgebildeten Karte leicht zu ersehen ist. In der Tat unterscheidet sich bereits der Dialekt in Waldhausen, nur knapp 10 km östlich von Urbach, vor allem in Lautung und Melodie deutlich vom Urbacher Idiom. Die fränkisch-schwäbische Sprachgrenze kommt bis zu knapp 20 km an Urbach heran; das Fränkische beginnt nördlich von Backnang, Welzheim und Gschwend.

Karte 3: Die Raumgliederung der schwäbischen Mundart[75]

---

[75] Karte entnommen aus: FEINÄUGLE, N.; FISCHER, H.: Wie dr Schwob schwätzt. Reiz und Reichtum der schwäbischen Mundart. Stuttgart 1990. (Vgl. auch Karte 2, Kap. 1.5)

2.2.2 *Zur Geschichte der Gemeinde Urbach*

Urbach konnte im Jahr 1981 sein 800jähriges Jubiläum feiern: "In einer Urkunde vom 25. Mai 1181, die der Stauferkaiser Friedrich I. unterzeichnet hat, wird 'Uracbach' erstmals erwähnt."[76]. Im 13. Jahrhundert wurde das Dorf ins Herzogtum Württemberg eingegliedert, später jedoch größtenteils von den so genannten 'Herren von Urbach', einer "staufischen Ministerialenfamilie"[77], die auf dem 'Alten Berg' nordwestlich von der Siedlung eine Burg bewohnt hatten, kontrolliert. Im Laufe der Zeit verloren jene Herren infolge der schlechten wirtschaftlichen Situation an Einfluss. Sie mussten sich immer wieder Geld von jüdischen Kaufleuten leihen (darum wurde die Urbacher Burg im Volksmund spöttisch als 'Judenburg' bezeichnet) und machten schließlich als Raubritter das Remstal unsicher, bis der württembergische Graf Eberhard diesem Treiben im Jahre 1493 ein Ende machte, indem er die Burg kurzerhand niederbrennen ließ. Heute zeugen nur noch ein paar einzelne Steine von der Existenz jener Burg. Der 30jährige Krieg, die Pest und vereinzelte Raubzüge Ludwigs XIV. und Napoleons brachten schwere Zeiten über Urbach und löschten die Siedlung Ende des 18. Jahrhunderts beinahe aus.

Im Jahr 1819 wurde "durch Erlass des Oberamtes Schorndorf die Trennung Unterurbachs von Oberurbach verfügt"[78], womit der stark unterschiedlichen wirtschaftlichen Struktur der beiden Teilorte Rechnung getragen wurde: das größere Oberurbach blieb bis in unser Jahrhundert hinein landwirtschaftlich geprägt, während sich im südlichen Unterurbach schon früh Gewerbe, Handwerk und später Industrie (größter Arbeitgeber wurde die Weberei und Spinnerei Hornschuch, die 1905 angesiedelt wurde) entwickeln konnten. Der Weinbau in Urbach fand in der Zeit des Ersten Weltkriegs wegen ungünstiger Umweltbedingungen ein Ende. Auch die Landwirt-

---

[76] LUTZ, W.; SCHEIBLE, E.: Kennzeichen WN. Heimatkunde für den Rems-Murr-Kreis. Lörrach und Stuttgart 1990, S. 214. Die Angaben zur Geschichte Urbachs orientieren sich weitgehend an dieser Vorlage.

[77] WEKA Informationsschriften- und Werbefachverlage GmbH (Hg.) in Zusammenarbeit mit der Gemeinde Urbach: Info-Broschüre der Gemeinde Urbach. Mering 1997., S. 8. Zahlreiche Informationen zur Infrastruktur wurden aus dieser Broschüre entnommen.

[78] LUTZ; SCHEIBLE, a. a. O., S. 215.

schaft ist nach dem Zweiten Weltkrieg in Urbach sehr stark zurückgegangen, heute gibt es weniger als eine Handvoll einzelner Bauernhöfe.

Im Jahr 1970 wurden die 150 Jahre lang getrennten, selbständigen Gemeinden im Zuge der Gemeindereform wieder zusammengeführt und bilden seitdem die Gemeinde Urbach. Dreißig Jahre später wurde schließlich auch die Verwaltung im südlichen Rathaus zusammengelegt.

Das neue Jahrtausend begann für Urbach mit einem besonderen Naturereignis, nämlich einem beachtlichen Erdrutsch am Nordrand der Gemeinde, der schnell zur Attraktion für viele Besucher geworden ist.

2.2.3 Infrastruktur und soziologische Daten

Die Einwohnerzahl Urbachs belief sich im Juni 1996 auf 7 789 Personen, davon 3 855 männlichen und 3 934 weiblichen Geschlechts. Mehr als die Hälfte der Einwohner gehören der Evangelischen Kirche an, knapp 2 000 der Katholischen Kirche. Der Ausländeranteil in der Gemeinde beträgt etwa 11 Prozent. Die Gemeinde Urbach besitzt eine Gesamtmarkungsfläche von knapp über 2 000 Hektar, davon sind etwa 15 % bebaut oder für den Verkehr erschlossen, 40 % werden landwirtschaftlich genutzt und 43 % sind bewaldet. Von der Bevölkerung leben etwa 85 % von Industrie, Handel und Gewerbe; die örtliche Industrie bietet fast 3 000 Arbeitsplätze. Trotzdem pendeln etwa 1 000 Urbacher in umliegende Gemeinden und Städte.

Urbach besitzt infolge der getrennten Entwicklung beider Ortsteile, die seit Jahrzehnten jedoch miteinander verwachsen und nicht mehr voneinander abzutrennen sind, zwei Ortskerne. Im nördlichen Ortskern sticht die spätgotische Afrakirche ins Auge, außerdem gibt es in ihrer Nähe "eine Anzahl schöner alter Fachwerkhäuser"[79]. Beide Ortskerne sind in jüngster Vergangenheit mit großem Aufwand saniert worden, obwohl bereits seit längerer Zeit die Idee einer neuen "Urbacher Mitte" diskutiert wird. Die Evangelische Kirche in Urbach besitzt zwei Pfarrämter und auch zwei Kirchen sowie ein neues Gemeindehaus bei der Afrakirche. Außer den beiden Staatskirchen gibt es noch vier weitere religiöse Gemeinschaften freikirchlicher Prä-

---

[79] a. a. O.

gung. Bei der Gemeinde ist ein Vollzugsbediensteter beschäftigt, im Nordteil hat die Freiwillige Feuerwehr ihren Standort. Ein Postamt besteht nach wie vor nahe des südlichen Ortskerns. Einkaufsmöglichkeiten für den täglichen Bedarf gibt es reichlich, außerdem eine Vielzahl kleiner Fachgeschäfte, Autohäuser, Fleischereien, Friseure und Bäckereien.

Urbach besitzt eine Grund- und Hauptschule mit Werkrealschule (Wittumschule) im Nordteil, die auch eine kleine Ortsbücherei beherbergt, und noch eine kleine Grundschule (Atriumschule) im Süden, außerdem insgesamt sieben Kindergärten. Weiterführende Schulen findet man in den benachbarten Ortschaften Schorndorf und Plüderhausen. Neuere Errungenschaften der Gemeinde sind die renovierte Auerbachhalle, mit der für das sehr beachtenswerte kulturelle Programm ein geeigneter Veranstaltungsort geschaffen wurde, das Bürgerhaus 'Museum am Widumhof' mit Ausstellungen und die Begegnungs- und Pflegestätte 'Schloss Urbach', in dem das weit über lokale Grenzen bekannte 'Modell der vorstationären Altenarbeit und Altenhilfe' beheimatet ist. Hier findet die ältere Generation nicht nur einen gerne genutzten, malerischen Ort, um sich zu treffen, sondern das Schloss ist vor allem Pflegestätte und ein betreutes Heim für einige ältere Bürger und Bürgerinnen. Für dieses Projekt existiert auch ein Förderverein, der nur einer von mehr als 30 Vereinen in Urbach ist, die Ortsverbände der Parteien eingeschlossen. Es gibt zwei Gesangvereine, einen Motorradclub, Tennisclub, Verein der Kleintierzüchter, der Landfrauen und vieles mehr. Größter Verein ist der Sportclub, der eine Vielzahl verschiedener Sportarten anbietet und im Fußball über die Kreisgrenzen hinaus erfolgreich ist. Bei der Wittumhalle auf einem Hügel wurde in diesen Tagen ein neues Sportstadion fertig gestellt. Außerdem verfügt Urbach über einige weitere Sportanlage und ein beheiztes Freibad.

2.3 Vorüberlegungen zur Transkription der Sprachaufnahmen

Analysen von Tonbandaufnahmen mit dem Ziel der Beschreibung eines Ortsdialektes setzen Schwerpunkte auf Besonderheiten in der Wortwahl, der Grammatik, des Wortschatzes und Satzbaus und schließlich auf Besonderheiten in der Phonologie. Die Sprachbetrachtung im Rahmen dieser Arbeit soll innerhalb dieser Ebenen schrittweise geschehen, wobei die Betrachtung der Lautebene am Anfang stehen soll. Es ist unerlässlich, sich im Vorfeld Gedanken über das Phonemsystem des Mittelschwäbischen im Unterschied zur deutschen Hochlautung zu machen, mit dem Ziel einer sinnvollen und verständlichen (deshalb an der deutschen Rechtschreibung orientierten), dabei aber immer konkreten und lautgetreuen Transkription (die stets Vorrang vor der Orthographie bekommen soll), ohne jedoch allzu viele neue Zeichen einzuführen.

2.3.1 Das schwäbische Vokalsystem im Vergleich zur deutschen Hochlautung

2.3.1.1 Vokale, die sowohl im Schwäbischen als auch in der Hochsprache vorkommen

Diese stellen die größte Vokalgruppe dar. Es ist festzustellen, dass manche Laute nicht völlig identisch sind. Insgesamt klingen die offenen Laute in der Mundart noch etwas offener und daher 'breiter', gleichzeitig kommen die geschlossenen Varianten der Selbstlaute häufiger vor als in der Hochsprache.

Die folgende Tabelle ermöglicht einen Überblick über das Vorkommen verschiedener Vokale in der Standardsprache und dem Mittelschwäbischen.

Phonem	*Deutsche Hochlautung* [80]	*Mittelschwäbische Lautung*[81]
/a:/	*Bahn, mager*	*mager, Aber (Subst.), rosa*
/a/	*Bann, Knall*	*scharrá, Waffá, Knall*
/ɛ:/	*wählen, Häme, Krähe*	*Mähl, Lä:bá, ä:bá, Kä:s*
/ɛ/	*Welt, Herz*	*Welt, äbber (jemand), bäddlá*
/e:/	*legen, See*	*Behne (Bühne), e:bá (eben)*
/e/	*legal, egal*	*hen Se? (haben Sie?), Mä:dle*
/i:/	*Lied, Liebe, Wiege*	*i:ber (über), di: (dich)*
/i/	*Vielleicht, Widmung*	*ibbich (üppig), flischdrá (flüstern)*
/ò/ (offen)	*morgen, Sonne, offen*	*hòt (hat), mòrgá, Wort*
/ò:/ (offen)	*Croissant (frz.)*	*Schwòger (Schwager), Hòòr (Haar)*
/o/ (geschl.)	*modern, Produkt*	*Obb'r (Oper), Sonn, offa (offen)*
/o:/ (geschl.)	*Mode, Boot, Soße*	*Bohná, o:bá, Soß*
/u:/	*Kuh, Ruhe, Blut*	*du, Ru:ná (Runen), fu:rt (fort, reg.)*
/u/	*Gurt, kulant, brutal*	*Hunná, nuff (hinauf), surrá, Gurt*

Schwach-Laute (auch: Schwa-Laute):

/ə/

BOHNENBERGER beschreibt /ə/ als "den unbestimmten Selbstlaut zwischen a und e"[82]. Seine Klangcharakteristik im Schwäbischen zeigt sich am deutlichsten in den Diphthongen; im Hochdeutschen tendiert der Laut (vor allem für süddeutsche Ohren) eher in Richtung /φ/. Nach Ansicht des Verfassers klingt das Schwa /ə/ im Schwäbischen nahezu identisch wie das später beschriebene, vor Nasalen stark geschlossene

---

[80] Regeln der deutschen Hochlautung entnommen aus KREUZER, U., PAWLOWSKI, K.: Deutsche Hochlautung. München 1989.

[81] Wortbeispiele hier und in den folgenden Tabellen weitgehend entnommen aus FREY, E.: Stuttgarter Schwäbisch. Laut- und Formenlehre eines Stuttgarter Idiolekts. Marburg 1975, S. 33

[82] BOHNENBERGER, K.: Die Mundarten Württembergs. Stuttgart 1928, S. XII.

/á/, weswegen beide Laute hier mit dem selben Graphem á wiedergegeben werden. (Bsp.: hdt. *Behandlung, Biene*; schwäb. *á baar, behándlá)*

/ər/

/ə/ vor /r/ klingt im Schwäbischen in Richtung offenes /ò/ (z. B. *aber, Hámmer*), im Hochdeutschen dagegen eher in Richtung offenes /ɛ/ (*aber*).

2.3.1.2 Vokale, die im Schwäbischen, aber nicht in der Hochsprache vorkommen.

Im Gegensatz zum Hochdeutschen verfügt das Schwäbische nicht nur über ein kurzes (s. o.), sondern auch über ein langes geschlossenes /ò/ (wie in /'hò:r/), das deswegen gerne als "Schwabenlaut"[83] bezeichnet wird, wenngleich wir es zum Beispiel auch im Englischen ("daughter") und Französischen ("le mort") vorfinden. Vielerorts, z. B. im Ostschwäbischen und in Stuttgart[84], wird langes a vor Nasal als /ò:/ ausgesprochen (z. B. drannehmen als /'drò:nemá/, Bahnhof als /'bò:ho:f/), während der Urbacher Idiolekt hier ein stark geschlossenes (BOHNENBERGER: "genäselt") /á:/ einführt, also /'drá:nemá/ und /'bá:ho:f/ gesprochen wird[85], eine Variante, die z. B. auch im Schwarzwald mancherorts vorherrscht. Im gesamten schwäbischen Dialektgebiet vermischen sich beide Varianten zunehmend untereinander sowie mit dem hochdeutschen /a/, so dass dieser feine Unterschied, der kaum mehr konsequent durchgehalten wird, den wenigsten Dialektsprechern je bewusst wird.

Die Tendenz, das kurze /a/ vor Nasalen in Richtung eines stark geschlossenen /á/ zu sprechen, findet man im gesamten oberdeutschen Sprachraum (Bsp.: *Schlámberei, schlánk*). Seine Lautung ähnelt stark dem Schwa /ə/, wie wir es sowohl im Schwäbischen als auch in der hochdeutschen Einheitssprache (hier allerdings deutlich in Richtung ö gehend), vor allem am Wortende, vorfinden.

---

[83] EGELHOF, F.: Ortsgrammatik: Modell eines Projekts zur Spracherkundung. Wissenschaftliche Hausarbeit zur Ersten Staatsprüfung für das Lehramt an Grund- und Hauptschulen in Baden-Württemberg (=Zula 4845), S. 35.

[84] vgl. FREY, E.: Stuttgarter Schwäbisch. Marburg 1975, S. 42

[85] vgl. BOHNENBERGER, S. 12.

2.3.1.3 Hochdeutsche Vokale, die im Schwäbischen nicht vorkommen

Die hochsprachlichen Umlaute /ö/ (offen wie in *Hölle*), /φ/ wie in *Ödem* und /φ:/ wie in *Höhle* sowie offenes / Y/ wie in *Müller,* /y/ wie in *Büro* und /y:/ wie in *Bügel* sind im Schwäbischen entrundet, d. h. der Dialekt verwendet /e/ bzw. /e:/ anstelle der ö-Laute und /i/, /i:/ oder /iə/, /iə:/, selten ein /ə/ ähnliches Allophon (wie in /'bìro/) anstelle der ü-Laute. Außerdem fehlen im schwäbischen Phonemsystem die offenen Laute /I/ wie in *Mist, links, Sippe* und /ʊ/ wie in *Mutter*, die durch konventionelles /i/ oder /u/ ersetzt bzw. häufig auch diphthongiert werden.

2.3.1.4 Die Diphthonge im Schwäbischen

Der mittelschwäbische Dialekt hat als prägendes Element einen großen Reichtum an Diphthongen. Allgemein wird mit größerer, konsequenterer Diphthongierung die Mundart als breiter und reiner empfunden. Gesteigert werden kann dieses Empfinden, wenn die Zwielaute übertrieben lang gesprochen werden. Hier lassen sich keine einheitlichen Regeln aufzeigen; die Verlängerung von Diphthongen hängt stark vom Sprecher ab. FREY unterscheidet "Vorwärts-, Rückwärts- und Zentralgleitlaute"[86] , wobei seine Auflistung hier vom Verfasser durch einige Diphthonge, die im Urbacher Idiolekt zusätzlich vorkommen, ergänzt wurde:

a) Vorwärtsgleitlaute:

/ui/ wie in /'zuigs/ *Zeug*; /əi/ wie in /'bləi/ *Blei*; /oe/ wie in /'noe/ *nein* (nur im Dialekt);
/æ/ wie in /'fræd/ *Freude*; /òe/[87] wie in /'sòel/ *Seil* (auch im Hochdeutschen vorkommend).

---

[86] FREY, S. 43

[87] im westlichen Schwäbisch: /òə/ wie in /'sòəl/; vgl. BOHNENBERGER, S. 18.

b) Rückwärtsgleitlaute:

/ə̂u/ wie in /'fə̂ul/ *faul* (nur im Dialekt vorkommend); /ao/ wie in /'blao/ *blau* (auch im Hochdeutschen verbreiteter Diphthong).

c) Zentralgleitlaute:

/iə/ wie in /'liəb/ *lieb*; /ɛə/ wie in /'grɛə/ *grün*; /òə/ wie in /'blòəm/ *Blume*; /uə/ wie in /'bruəddər/ *Bruder*; diese sind allesamt im Hochdeutschen nicht vertreten.

2.3.2 *Die Konsonanten im Schwäbischen und im Hochdeutschen*

Bei den Konsonanten verhalten sich Hochsprache und schwäbischer Dialekt identisch, was ihr bloßes Vorkommen betrifft. Tatsächlich weist der Dialekt jedoch auch bei den Konsonanten eine Vielzahl von Eigenarten auf. "Kräftig in die Ohren"[88] fallen nur wenige Mitlaute; so werden zum Beispiel alle /sp/ und /st/ als /šp/ und /št/ ausgesprochen (eigentlich durch Lenisierung der Fortis tatsächlich meist als /šb/ und /šd/), Endlaute werden unterdrückt und allgemein werden die harten Verschlusslaute /p/, /t/, /k/ in den meisten Fällen weich gesprochen, also /b/, /d/, /g/. Auch gibt es in der schwäbischen Mundart kein stimmhaftes /z/.

2.3.3 *Entwicklung eines Systems zur Transkription des schwäbischen Dialekts*

Aus Gründen der Verständlichkeit und Lesbarkeit der Texte soll in dieser Arbeit auf eine Umsetzung in Lautschrift, wie sie von einigen Autoren wie Eberhard FREY verwendet worden ist, verzichtet werden. Aufgrund der vorangehend beschriebenen Besonderheiten der schwäbischen Lautung reicht aber das Graphemsystem der deutschen Schriftsprache nicht aus, den Dialekt hinreichend genau und eindeutig wiederzugeben, wie es einer wissenschaftlichen Arbeit angemessen erscheint. Anders als in der trivialen Dialektliteratur müssen hier die Besonderheiten der schwäbischen Lautung eindeutig wiedergegeben werden.

---

[88] BOHNENBERGER, S. 25.

Das einzuführende Graphemsystem soll bei aller Verständlichkeit und Lesbarkeit immer konkret, lautgetreu und konsequent bleiben. Um die Texte auch für Nicht-Dialektsprecher verständlich zu halten und um eine Abwertung des Dialektes durch lächerlich wirkende, zwar lautgetreue, aber scheinbar "falsche" Schreibung zu vermeiden, soll sich das Graphemsystem gleichzeitig so konsequent wie möglich an der deutschen Orthographie orientieren. Der Kompromiss zwischen all diesen Ansprüchen ist ein nur anfangs kompliziert wirkendes, erweitertes deutsches Schriftsystem, dessen von der Norm abweichende Regeln wie folgt lauten:

- Auf die auf subjektive Beobachtung beruhende Transkription der ohnehin individuell verschieden stark ausgeprägten Nasalisierung von Vokalen wird verzichtet (vgl. BOHNENBERGER). Für das "genäselte", zu /e/ bzw. /e:/ hin tendierende stark geschlossene /á/ bzw. /a:/ wird das Graphem **á** eingeführt (*áfángá = anfangen*), ebenso für den bereits beschriebenen Schwa-Laut ∂ (vgl. 3.1.1.1). Das bei manchen Informanten auftretende offene, zwischen /a/ und /ò/ liegende Allophon wird mit **à** verschriftlicht.
- Das Graphem **ò** (*Hòòr = Haare)* steht für im Gegensatz zur Hochsprache offenes /ò/ oder /ò:/; das geschlossene /o/ bzw. /o:/ wird bei Abweichung von der Hochsprache mit dem Graphem **ó** wiedergegeben (*Sónn = Sonne)*. Entspricht der Öffnungsgrad des Lautes der Hochsprache, so bleibt er unbezeichnet **o** *(dòrd = dort; wohl = wohl)*. Mundartlich signifikante Verkürzung von Vokalen wird, der Orthographie gemäß, durch nachfolgenden Doppelkonsonant (bzw. **ck**) gekennzeichnet (*Obber = Oper*).
- Lenisierung der Fortis wird, wo immer beobachtbar, lautgetreu wiedergegeben. (*Vadder = Vater, mergá = merken)*.
- Mundartliche Länge wird durch Doppelvokal bzw. **ie** bezeichnet (*Baal = Ball, Bieschd = Bürste*).
- Bei den e-Lauten wird die orthographische Schreibweise beibehalten, wo hochdeutsche und mundartliche Lautung übereinstimmen (*Welt, Brät)*. Von der Hochlautung abweichendem offenem /ɛ/, /ɛ:/ wird das Graphem **ä** zugewiesen (*Mähl*), signifikant geschlossenem /e/, /e:/ das Graphem **e** (*bleed = blöd, zehlt = zählt*), bei Abweichung vom Hochdeutschen (und im Zweifels-

fall) mit Schreibung e zur besonderen Hervorhebung das Graphem **é**: *Éléfánd = Elefant* (dies trifft vor allem beim Endlaut zu: *Filmé, Kíché).*

- Uvulares gerolltes /R/ tritt bei älteren Sprechern teilweise noch auf. Es wird hier durch das Graphem **r´** wiedergegeben.

- Die Aussprache von **st** und **sp** als /šd/ bzw. /šb/ wird nur dort durch die Graphemkombination **schd** bzw. **schb** wiedergegeben, wo sie im Unterschied zur deutschen Hochlautung erfolgt.

- Da es im Schwäbischen (im Unterschied z. B. zum Fränkischen) die Lenisierung von /g/ zu /ç/ nicht gibt, können alle /ks/-Laute mit der Schreibweise -chs- hier ebenso wiedergegeben werden. Wo -ig im Endlaut als /ix/ gesprochen wird, wird **-ich** (*üppich*) geschrieben, bei hyperkorrekter /-ig/-Aussprache findet das Graphem **-ig** Verwendung *(läschdig).*

- Wo Wörter eindeutig verbunden werden, werden sie zusammen geschrieben (*middam = mit dem)* bzw. mit Apostroph kenntlich gemacht (*hem'mer = haben wir*).

- Hochdeutschem /y/ (v. a. vor r wie in *Büro, Würmer*) entspricht im Schwäbischen ein (regional variierendes) zwischen ü und i liegendes Allophon, das mit dem Graphem **í** wiedergegeben wird: *Bíro, Wírmer.*

- Bei Endlauten wie -el und -er ist der Vokal in der Mundart weniger ausgeprägt. An signifikanten Stellen wird er daher bei der Transkription durch einen Apostroph ersetzt: *Wìrm'r´*. Die Endsilbe -er klingt im Schwäbischen in Richtung /òr/.

- Am kompliziertesten gestaltet sich die Phonem-Graphem-Zuordnung bei den Diphthongen. Hier müssen aus Gründen der Präzision und Lauttreue Abstriche bei der Anlehnung an die deutsche Rechtschreibung in Kauf genommen werden. Es werden folgende Zuordnungen festgelegt:
  ui für /ui/ wie in /'zuigs/ *Zeug,* **ei** für /əi/ wie in /'bl əi/ *Blei*; **óe** für geschlossenes /oe/ wie in /'nóe/ *nein,* **ae** für /æ/ wie in /'fræd/ *Freude* (in Ausnahmefällen **ai**, wenn der /i/-Laut deutlich wahrnehmbar ist); **òe** für /òe/ wie in

/'sòel/ *Seil*[89], **áu** für /ǝu/ wie in /'fǝul/ *faul*, **au** für /ao/ wie in /'blao/ *blau*; **iá** für /iǝ/ wie in /'liǝb/ *lieb* (selten **ié**, wenn der zweite Laut des Diphthongs deutlich in Richtung geschl. /e/ klingt); **äá** für /ɛǝ/ wie in /'grɛǝ/ *grün*; **òá** für /òǝ/ wie in /'blòǝm/ *Blume*; **uá** für /uǝ/ wie in /'bruǝddǝr/ *Bruder*.

[89] Aus sprachhistorischen Gründen würde die Verwendung der im Hochdeutschen mit /òe/ korrespondierenden Grapheme **eu** und **äu** für Verwirrung sogen, denn das schwäbische /òe/ entwickelte sich aus dem mittelhochdeutschen Zwielaut "*eil,* welcher in der deutschen Sprache seit Alters als *ei* oder *ai* gesprochen und geschrieben wurde und der auch in der nhd. Schriftsprache als *ei* vorliegt z. B. in breit, eigen, Seil" (schwäb. *bròed, òegá, Sòel*). In diesem Fall erscheint eine am Laut orientierte Schreibung weniger befremdlich und leichter zu verstehen als die Formen *breud, eugá, Seul.* Deswegen wird hier auf eine lautgetreue Transkription zurückgegriffen (vgl. BOHNENBERGER S. 18). Bei Verwendung hochsprachiger Wörter wird weiterhin **eu/äu** geschrieben.

3. Beschreibende Analyse der Mundart von Urbach (Rems-Murr-Kreis)

3.1 Phonologische Analyse

Die vorliegende Untersuchung muss, vor allem aus zeitlichen Gründen, in vielerlei Hinsicht begrenzt sein. Durchgeführt und analysiert wurden zeitlich begrenzte Aufnahmen mit einer geringen Zahl von Gewährspersonen, weswegen hinsichtlich der Berücksichtigung verschiedener Alters- und sozialer Schichten Abstriche in Kauf genommen werden müssen und in keinem der Untersuchungsbereiche eine ausreichende, jedes Phänomen abdeckende Datenmenge erwartet werden darf. In der phonologischen Ebene dürfen wir hier noch am ehesten von einer hohen Belegdichte ausgehen, da die relativ begrenzbaren, zumeist über (wenn auch komplizierte) Regeln herzuleitenden Eigenheiten des Schwäbischen größtenteils auch in der Sprache der Informanten, natürlich in unterschiedlich starker Ausprägung, vorkommen. Trotzdem wird die eine oder andere Lücke in den Belegen auftreten, die durch ausgewählte Beispiele des Verfassers, der, wie bereits erwähnt, selbst aus Urbach stammt und des Ortsdialektes mächtig ist, geschlossen werden sollen. Solche Beispiele werden durch *kursive Schrift* gekennzeichnet.

Die Transkription der Beispiele aus den Aufnahmen richtet sich nach den unter 2.3 definierten Graphem-Phonem-Beziehungen. Unterschiedliche Schreibweisen eines Wortes bei derselben Gewährsperson (z. B. wòeschd, wòesch, waeschd) bedeuten, dass das Wort unterschiedlich ausgesprochen wurde. Der Sprachgebrauch einer Person ist von vielen unterschiedlichen Faktoren abhängig und kann daher auch innerhalb einer kurzen Sprachaufnahme zwischen verschiedenen Dialektstufen schwanken. So ist es zu erklären, dass scheinbar unvermittelt hochsprachliche Formen auftauchen oder umgekehrt eine sonst eher moderates Schwäbisch sprechende Gewährsperson plötzlich in eine höhere Dialektstufe springt. Informanten, die für ein bestimmtes Phänomen kein Beispiel liefern können, werden an dieser Stelle nicht aufgeführt.

In der Lautebene sollen durch eine Gegenüberstellung der analysierten Mundart mit der hochdeutschen Standardsprache die grundlegenden, wichtigsten sprachlichen Eigenheiten der mittelschwäbischen Mundart am Beispiel des Ortsdialektes von Urbach herausgestellt und, wo es möglich ist und sinnvoll erscheint, mit Hinweisen auf den mittelhochdeutschen Ursprung erklärt werden. Die Unterschiede im Dialekt werden durch Unterstreichen des betreffenden Lautes hervorgehoben, wenn nicht deutlich ist, welcher Laut gemeint ist.

3.1.1 Die Ebene der Vokale

Das schwäbische Vokalsystem unterscheidet sich von dem des Hochdeutschen durch einige grundsätzliche Eigenheiten: Vokale werden abweichend von der Hochsprache lang bzw. kurz gesprochen, werden weggelassen oder durch andere Vokale ersetzt. Wie bereits erwähnt, gibt es im Dialekt Vokale, die dem Hochdeutschen fremd sind, umgekehrt kennt das Schwäbische eine Reihe einheitssprachlicher Vokale nicht.

3.1.1.1 Abweichungen in den Vokallängen

In betonten Silben stehende Vokale werden häufig verstärkt. Diese "Verstärkung der Selbstlaute der Hauptsilben besteht bei den *kurzen* Lauten mittelhochdeutscher Stufe *teils* in *Dehnung* zu einfachen langen Selbstlauten, *teils* in *Spaltung* zu Zwielauten"[90]. Vokale innerhalb von Nebensilben werden dagegen häufig geschwächt oder fallen, vor allem am Wortende, ganz weg. Auch die Schriftsprache zeigt diese Verfahren im Vergleich zum Mittelhochdeutschen, jedoch in abweichender Form. Das Phänomen der Verstärkung/Abschwächung tritt im schwäbischen Sprachraum regional stark verschieden auf, "ein Großteil dieser Abweichungen ist jedoch heute vielen Dialektsprechern bewusst"[91]. Nach BOHNENBERGER gibt es "im Schwäbischen und Niederalemannischen nicht weniger als 7 Hauptverfahren der Dehnung", von denen im Sprachgebrauch der jüngeren Bevölkerung augenscheinlich nur noch das erste Verfahren relevant ist. Bei unserem ältesten Informanten finden wir jedoch

---

[90] BOHNENBERGER, K.: Die Mundarten Württembergs. Stuttgart 1928, S. 6 (Hervorhebungen bei Bohnenberger).

[91] AMMON, U.; LOEWER, U.: Schwäbisch. Düsseldorf 1977, S. 47.

mindestens drei dieser Verfahren, die hier in aller Kürze skizziert und durch Beispiele belegt werden sollen. Die Buchstaben stehen für die Anfangsbuchstaben der Namen.

(1) Folgen ihnen innerhalb eines mehrsilbigen Wortes keine 'schweren Mitlaute' (wie nn, ng, pf usw.), so werden altkurze Vokale wie das /a/ in mhd. /sagen/ zu langem /a:/ wie in /sa:gen/. Die Hochsprache verfährt zumeist ebenso, weswegen diese langen Laute in der Transkription nicht abweichend von der Schriftsprache gekennzeichnet wurden:

F.: sagá, Laschdwagá (vgl. mhd. wagen), von wägá
B.: von wägá
H.: Wagá (aber auch: gsaggd - gesagt)
E.: frag (hdt. frage)

(2) Bei Vokalen in Position vor dem Nasal /n/ und anschließendem Reibelaut (ns, nsch, nf) wird im ausgeprägten Dialekt gedehnt oder diphthongiert, der Nasal oft ausgelassen:

F.: faef (fünf); Hááf (Hanf), Gáás (Gans)

(3) "In alteinsilbigen Wörtern, in denen nicht mehr als ein leichter Mitlaut auf den Selbstlaut folgt":[92]

F.: Gras (mhd. gras), Daag (mhd. tag), Meéheef (von mhd. hof)B.: heudzudaag
S.: Móndag
H.: Vormiddag
K.: Schultag

(4) Bei Vokalen, auf die ein Nasal und ein Verschlußlaut folgt, wobei der Nasenlaut wegfällt:[93]

F.: Wáád (Wand); Háád (Hand), Báák (Bank)

Bei allen Gewährspersonen finden wir allerdings ebenso (meist geschlossene) Selbstlaute, die im Gegensatz zum Hochdeutschen kurz gesprochen werden:

---

[92] BOHNENBERGER, a. a. O., S. 7. (bei Bohnenberger ist dies das 6. Verfahren)

F.: ódd'r (oder), Großvadd'r, blóss (bloß), drénligt (drinliegt)
B.: Óbschd, Kinno, blóss, nadi̱rlich
S.: subber, theoréddisch, lángsámm, schó, abber, widder, gäbbá, gibd's
H.: gsaggd, abber, hóllá (holen), ódder, nòch (nach)
C.: widder, Minuddá, abber, schó, subber
K.: schó, Fò̱ddó
E.: ódder, sibbt'n

3.1.1.2 Das Fehlen der Vokale /ö/, /ö:/ und /ü/, /ü:/

Im gesamten Bereich des Schwäbischen fehlen sowohl die geschlossenen als auch die offenen Varianten der Umlaute /ö/, /ö:/ und /ü/, /ü:/ völlig. Dies ist im Bereich der Vokale wohl eines der bekanntesten, auffälligsten Phänomene der schwäbischen Mundart. Je nach Anlas oder Gesprächspartner sind jedoch heute viele Dialektsprecher in der Lage, diese Laute zumindest in geschlossener Form zu verwenden. Wörter wie 'Hölle' oder 'Gebrüll' werden dann mit geschlossenen Umlauten, die den entrundeten Ersatzlauten /e/ und /i/ ähnlicher sind als die offenen Varianten, ausgesprochen[94]. In den vorliegenden Aufnahmen verwendeten vor allem die jüngeren Informantinnen diese dem Dialekt eigentlich fremden Umlaute, entrunden jedoch ebenso häufig. Insgesamt hatten sämtliche Informanten leider relativ selten Gelegenheit, diese Umlaute zu benutzen bzw. zu entrunden.

B.: Waschküché, üppich, glügglich é; könned
S.: natürlich, jüngeré; Möglichkaedá, könndesch, könnd, höflich
H.: überalt, würd', überall, fünf, müssá, zrügglegá; zwölfé, eröffná, dázughörd
C.: übler, dürf'n, natürlich, drübá, müssád; bös, Brödchen
K.: Rüggá, Fünfdglässler; ghörd
E.: bemühd, Französisch, Höllé

Bei der für den Dialekt typischen Entrundung wird die Artikulation des Lautes von einer eher zentral gelegenen Mundposition nach vorne verschoben, so dass in der Regel die /ö/-Umlaute in geschlossenes /é/, die /ü/-Umlaute in /i/ umgewandelt werden. Diese weiter vorne liegenden Laute sind einfacher, mit weniger Aufwand auszusprechen, deshalb wird manchmal vom "Ökonomieprinzip" des Schwäbischen ge-

---

[93] Bei Bohnenberger die 3. Regel
[94] vgl. Kap. 2.3.1.3: Hochdeutsche Vokale, die im Schwäbischen nicht vorkommen.

sprochen. Bei den /ü/-Entrundungen fällt auf, dass es, abhängig von Länge und nachfolgendem Konsonanten, mehr oder weniger starke Ausprägungen der Entrundung zum /i/ hin gibt. Liegt der entstehende Laut eher zwischen /ü/ und /i/, so wird er hier mit dem Graphem **í** bezeichnet; es ist aber trotzdem immer eine deutliche Entrundung festzustellen. Der mhd. Zwielaut /ie/ wurde im Hochdeutschen zu /ü/ bzw. /ü:/, während der Dialekt ihn konsequenterweise in Form von /iá/ oder abgeschwächt /ié/ beibehielt. Dieser Zentralgleitlaut ist dem Hochdeutschen fremd und wird auch von jüngeren Dialektsprechern nicht mehr verwendet. Man darf ihn wohl als ein Element des alten, derb und grobschlächtig klingenden Schwäbisch bezeichnen.

(1) schwäbisches /i/ bzw. /í/ ersetzt hochdeutsches /ü/

B.: missá, Kichá, fír, Míddera, nadirlich
F.: Schdigglé, fír, Briggle, Mínchen, iber
C.: síchdich, dírfád, missá, fír
S., H., K. und E.: fír

(2) /i:/ ersetzt /ü:/

B.: iberall, nieberzogá
F.: diebá (drüben), iber, hiebá, Fíhrerschae, gegenieber, áuskliegl'd
E.: íberhaubd

(3) /iá/ bzw. /ié/ ersetzt den mhd. Diphthong /ie/

B.: Riébá, miáßá
F.: miáßá, iéberhaubd, Kiálschrángg, Kiá, driábá

(4) Sonderfälle bei den /ü/-Entrundungen

/ä/ ersetzt /ü/: därfá (B., F.)
/e:/ ersetzt /ü:/ : Wasáméhl (Mühle; F.)
/u/ ersetzt /ü/: fuffzich (B., F., H.), zruggdrähd (F.)
/ae/ ersetzt /ü/: faef (F.)
/ó/ ersetzt /ü/: Saelhóbfá, Gummihóbfá (E.)

(5) /e/ ersetzt /ö/

B.: kénná
F.: kénná, blédzlich, zwélfé, Gébbéngá (Göppingen)
E.: Schdebbs'l ('Stöpsel'; Steppke)

(6) /e:/ ersetzt /ö:/

B.: gwehnd (gewöhnt)
F.: schee, áufhérd, Kenigsbronn

Hinsichtlich der Entrundungen zeigt sich, dass alle Informanten sie zwar durchführen, jedoch die jüngeren Personen nur sehr eingeschränkt. Friedrich W. als ältester Gewährsmann weist dagegen an keiner Stelle einen /ö/- oder /ü/-Umlaut auf, entrundet also konsequent. Brigitte W. verwendet in gleichem Umfang Umlaute und entrundete Formen.

3.1.1.3 Unterschiedliche Verteilung von Vokalen

Im folgenden Abschnitt geht es um Vokale, die sowohl im Schwäbischen als auch im Hochdeutschen vorkommen (zumindest entweder in kurzer oder langer Form), jedoch in unterschiedlicher Verteilung. Einige dieser Fälle können mit Regeln erklärt werden.

(1) /e/ ersetzt /i/ bzw. /i:/

Hochdeutsches /i/ vor Nasal wird im Schwäbischen in aller Regel zu geschlossenem kurzem /e/ gesenkt - hier wird auf die Transkription des Akzents verzichtet - wobei der Nasal wegfallen kann. Auch hier unterscheiden sich die Informanten in der Häufigkeit der Senkung; bei manchen Worten kommt sowohl die dialektale als auch die hochdeutsche Form vor.

B.: sen, emmer (auch: immer)
F.: hendá, gschwend, brengá, send, ben, emmer, 'en (ihn), Gebbengá
S.: net, emmer (auch: immer), schlemm
H.: em, net, emmer
C.: emmer
E.: emmer, Deng, sen

(2) /ó/ ersetzt /u/ vor Nasal durch Senkung

Man beachte hier die durchweg kurze, geschlossene Aussprache (Ausnahme: Friedrich W. spricht offen 'Lenggòng') des /o/-Lautes, die es im Hochdeutschen nicht gibt. Nicht-Schwaben kann man daran erkennen, dass sie diese kurzen /o/-Laute vor Nasal offen sprechen, wie es in der Hochsprache geschehen würde. Auch diese Art der Senkung ist sozusagen 'vom Aussterben bedroht': unsere jungen Informantinnen verwendeten sie nur im Verbindungs- und Füllwort 'und' (sonst: ungefähr, unfindbar, gfundá), und auch bei H., S. und B. finden wir häufig die nicht gesenkten Vokale: umzogá, unhaemlich, undá, hundert, drunggá u. v. m.

B.: drónggá, ónserá, óndá, Jóngé, gsónd, naezähondrfuffzich
F.: hónderd, óndá, ómgángá, Schdónd, nómfliágá (rumfliegen)
S.: on, ons, nò (nun)
H.: nò, on, om, Schdóndá, gschdónggá
C., K., E.: ón, ónd, nò

(3) /ä/ oder /e/ ersetzen /a/

Dieses dialektale Element bezieht sich nur auf wenige Wörter und taucht wiederum fast nur bei den älteren Informanten auf.

B.: älles (aber auch: alles); mer (man), hen (haben), ghed (gehabt)
F.: älles, äll; ghed, hen, hed (hat; ebenso: hòt), zeemá (zusammen)
S.: des
H.: mer (man), des, hen
K.: dráufbäbbt (draufgepappt)
E.: hen (wir haben)

(4) /ò/ ersetzt /a/

Das zwischen /a/ und /o/ liegende geschlossene /ò/ wird gerne als Spezialität des Schwäbischen angesehen. Dabei wird vergessen, dass das Hochdeutsche diesen Laut ebenso kennt: z. B. *forsch, Mord*. Für das Schwäbische typisch ist hier lediglich, dass das /ò/ an Stelle eines /a/ steht, und dass allgemein im Bereich der o-Laute Konfusion herrscht. Das offene ò wäre die höchste Hürde in einer mündlichen Schwäbisch-Prüfung, denn Nichtschwaben, die den Dialekt zu imitieren versuchen, wird man immer daran erkennen, dass sie an diesem Laut scheitern, weil sie nicht wissen, wann er verwendet wird und wann nicht. Entstehungsgeschichtlich wird das schwäbische kurze /ò/ vom altlangen mittelhochdeutschen /a:/ über den Diphthong /ao/ abgeleitet.

B.: hòd, hòsch, nòch (von langem /a:/ in *nach*), durchbròchd
F.: hòsch, dò, hòd, nòch (s. o.)
S.: hòd
H.: hòt/hòd, hòsch, nòch
C.: hòt
K.: hòsch

(5) /ò:/ ersetzt /a:/

Hier haben wir es tatsächlich mit einem echt schwäbischen Laut zu tun, denn das Hochdeutsche kennt das lange offene /ò:/ nicht bzw. nur in Fremdwörtern.

B.: dòmòls, amòl, dò, Jòhr, gschlòfá, nò (dann)
F.: ámòl, òbends, Jòhr, Schdròß, zwòar, schlòfá, beinòh
S.: mòl, dòdurch
H.: mòl, dò, jò, jedesmòl
K.: dò, nò, mòl
E. und C.: dò, nò

(6) /á:/ ersetzt /a:/ vor Nasal, wobei der Nasal meist wegfällt

Das genäselte lange /á:/ ist nicht nur dem Hochdeutschen fremd, sondern auch innerhalb der schwäbischen Sprachlandschaft ist das zwischen geschlossenem /é:/ und /a:/ liegende /á:/ relativ selten; in den meisten Gegenden wird langes /a:/ auch vor Nasal weitgehend durch /ò:/ ersetzt (mit Ausnahmen wie *Sáhne, láhm*) - nicht so in Urbach, wie die zahlreichen Belege zeigen. Interessanterweise wird östlich von Urbach ab Schwäbisch Gmünd wesentlich häufiger /ò:/ gesprochen (also: òfángá, Bòh'hof, Áudobòhná usw.), nördlich spätestens ab Rudersberg hauptsächlich /ò:/, im Süden bereits im Kreis Göppingen und im Westen spätestens ab Waiblingen. Urbach und das Mittelzentrum Schorndorf bilden bezüglich der Isoglosse /ò:/ - /á:/ also eine Sprachinsel, deren Ursprünge wohl schwer erklärbar sind. Das lange /á:/ taucht aber mehr oder weniger häufig auch im Schwarzwald, in Stuttgart, im Ostschwäbischen und sehr wahrscheinlich in einigen anderen Gegenden auf.[95]

B.: míhsám
F.: áfángá, Áhenger, Wáád (Wand), Ádriábsachsá, náágl ángd, káásch
H.: kám, Námé, Áufnáhmá
C.: Á-áá (ugs. "nein"), Áudobáhná

(7) /á/ ersetzt /a/, vor allem vor Nasal, der hier dann beibehalten wird

Im Gegensatz zu Punkt (6) handelt es sich hier wieder um ein gesamtschwäbisches Phänomen.

B.: Kámin, gángá, gánz, dázu, dáhoem, Gránggákass
F.: gángá, Hánd, ándrá, ám, Lánghólz, Schdánd
S.: Bánkakademie, Fránkfurd, orgánisierá, sámschdags, Ánfáng, kánnsch, lángsámm
H.: láng, án, dánn, ám, kánn, gschdándá, Kántiné
C.: ánderé, ám, gánz, achdázwánzigschdá, Fángé
K.: ám, gánz, Ánschdándsreschd, ánderé
E.: ám, dábei, Dándé, ánstrengd, ándré

(8) /ó/ ersetzt /ò/

Im Gegensatz zum Hochdeutschen kennt das Schwäbische außerdem das kurze geschlossene /ó/. Der geschlossene o-Laut kommt in der Standardsprache nur in langer Form vor. Somit gibt es im Schwäbischen insgesamt vier o-Laute, im Hochdeutschen nur zwei.

Schwaben behalten diese Abweichung (neben einigen wenigen anderen) normalerweise auch dann hartnäckig bei, wenn sie ansonsten nahezu perfektes Hochdeutsch sprechen. Alle folgenden Beispielwörter müssen im Hochdeutschen mit geschlossenem /ò/ gesprochen werden.

---

[95] vgl. FREY, E.: Stuttgarter Schwäbisch. Marburg 1975, S. 38. Hier wird /á:/ als Allophon von /a:/ beschrieben, das dem /ò:/ nahe kommt. Daraus können wir schließen, dass auch in den Ausnahmewörtern wie *ahnen, Name, Sahne* der lange a-Laut anders als in Urbach ausgesprochen wird, denn in den Aufnahmen unterscheiden sich beide Laute deutlich.

B.: kóchd, vón, dróggnd, abgschlóssá, gsónd
F.: ódd'r, ghóckd, Óngg'l, Óchsá, Dschób (Job), Hólz
S.: Middwóch, dródzdem, sóll, óbwohl, vórbei, sólché, kómmá, Tóchder, nóch
H.: Kóndo, sóndern, naehóggá, vóll, Wóch, sónschd
C.: dóch, sóllád (sollen), nó (noch)
K.: Holzbflóck (nur das zweite o geschl.!), Dóbbelschdund'n, Hólz, nóch, nó
E.: dóch, nó

(9) kurzes geschlossenes /é/ ersetzt /ä/, vor allem vor Nasal

Bei den e- und ä-Lauten muss klar zwischen Graphemen und Phonemen unterschieden werden. Hier gibt es große Mängel bei der Übereinstimmung im Hochdeutschen: sowohl das Graphem e als auch das ä können für e- und ä-Laute stehen. Bei den hier skizzierten, nicht regelhaften Abweichungen des Schwäbischen wird nur von der Lautebene ausgegangen, die Schreibweise spielt keine Rolle und passt sich bei Übereinstimmung der Duden-Norm an, bei Auffälligkeiten wird lauttreu ä bzw. é geschrieben. In den meisten Fällen bleibt es aber bei der hochdeutschen /ä/-Aussprache. Auch das kurze geschlossene /é/ kommt im Hochdeutschen nicht vor.

B.: Béddá, Becker, Schrenk, Pembers, aegschdélld, déngg, jédz
F.: Henger, abhengich, Vorgenger, Stedtle (Städtchen), Lénkhilfé
S.: Schdémblkardé, jédz, déngg, wénn, vórschdéllá
H.: wénn, Wägschdréggá, éndweder
C.: wénn, lédschdé, lénggschd, Geldschbéndé, schdélld
L.: séchs, Wéddbéwerb
E.: Séchser

(10) langes /ä:/ oder altes /ää/ ersetzen langes /e:/

B.: näbáhär, von wägá, Härd, ausgsää
F.: Drähschemel, von wägá, nòch'äär, gwää (gewesen), zää (zehn)
S.: Lährer, ährlich
H.: gsäh, näbá, Wägschdréggá, Lährgáng, sähá
K.: gsähn (gesehen)

Es fällt auf, dass die jüngsten Informantinnen das lange /e:/ in aller Regel mühelos und gewohnheitsmäßig, wohl durch den Einfluss der Schule, auf hochdeutsche Art aussprechen, anstatt es nach alter Art durch /ä:/ zu ersetzen, während dies führenden

Politikern schwäbischer Abstammung auch heute noch nicht recht gelingen will.

(11) kurzes /ä/ ersetzt langes /e:/

B.: gäbbá (gegeben), neunzähondr'fuffzich
F.: gwä, vorhär, gäbbá
S.: gäbbá
C.: abgäbbá

(12) kurzer Schwachlaut /á/ ersetzt hdt. Schwachlaut /ə/ vor /n/, v. a. am Wortende

Dies ist wohl eine der bekanntesten Eigenheiten des schwäbischen Vokalsystems, und sämtliche Informanten machen reichlich von ihr Gebrauch. Es handelt sich hier in der Regel um eine Besonderheit in der Grammatik: Meist ersetzt /á/ Endungen bei Verben, Pluralformen oder bei Ortsbezeichnungen, es gibt aber auch andere Beispiele wie bei *F.: Ébáné.*

B.: béschaedá, schaffá, vorschdellá, baggá, Hahná (alt: Hahnen), nieberzogá, Sachá
F.: Ébáné, naufdeichslá, Ellwángá, Gébbéngá, hendá, Zwädschgá, dobá, Wagá
S.: Möglichkaedá, orgánisierá, béschreibá, zfriedá, Filialá, Sachá
H.: eröffná, lassá, druggá, machá, dá (den), wánn (wenn), obá
C.: Rauchá, achdázwánzigschdá̲, sibdá, abgäbbá, míssá, Koschdá, gäbbá, Männlá
K.: letschdá, Lischdá, Turná, vorschdellá, gfundá, nebrá'nander
E.: erschdá, glaufá, Turná, Minuddá, zahlá, vorná, Raehá, Saelhóbfá,

(13) Geschlossenes kurzes /é/ ersetzt den Schwachlaut /ə/, v. a. am Wortende und bei Vorsilben, stets in unbetonter Stellung

Auch an dieser Besonderheit lassen sich ‚Reigschmeckte' in aller Regel leicht von echten Schwaben unterscheiden: Die Hochsprache verwendet /é/ äußerst selten. Der Nichtschwabe wird deshalb hier meist /ə/ sprechen (vgl. 12.) und ist schnell erkannt. Talentierten Dialektinterpreten in Comedyshows gelingt diese Lautverschiebung oft aber erstaunlich gut.

B.: ándré, gánzé, béschaedá, Waschküché, Schbilmaschiné, des Gudé, Gémaendé
F.: Pédalé, Zugmaschiné, Lénkhilfé, Balangzé, Schnáuzé, Achsé, Schdángé, vorderé, gleiché, bòedé, á bißlé, Hälfdé, Scheibé
S.: Schdemblkardé, normalé, béschreibá, Áushilfé, bégegnen, sólché

H.: Vordruggé, bédruggá, béschdehd, Námé, aené, Kántiné
C.: aegéné, Réschbeggd, bélégdé, Hoggédsé, Geldschbéndé, aegéné, Schulé, Glas-
sé
K.: Bégabung, maené, bißlé, Hoggédsé, Christiné, ándeŕé, Leudé, Wéddbéwerb
E.: ándré, Grischdiné, Kadaschdrophé, Hälfdé, allés, klaené, erschdé, Höllé, Klas-
sé
M.: maené, ánderé, Téléfonrechnung

3.1.1.4 Die alten Diphthonge im Schwäbischen

Mit der Zweiten Lautverschiebung ging eine Monophthongierung der alten Zentralgleitlaute /uá, /iá/, /òá/ und /äá/ einher, die im Schwäbischen jedoch nicht durchgeführt wurde. Die alten mittelhochdeutschen Diphthonge wurden beibehalten. Heute werden sie fast nur noch von älteren Dialektsprechern verwendet und gehören wohl zu den schwäbischen Eigenheiten, die in absehbarer Zeit aussterben werden. Wir finden im Rahmen dieser Untersuchung sämtliche Zentralgleitlaute ausschließlich bei unseren ältesten Gewährspersonen, alle anderen verwenden die hochdeutschen Varianten.

(1) /iá/ oder "entschärftes" /ié/ steht an Stelle von /ie/

Das Diphthong /iá/ kann auch ein hochdeutsches /ü:/ ersetzen (vgl. 3.1.2.2 (3)).

B.: kriégd
F.: Riáságardá, Ádriábsachsá

(2) /uá/ ersetzt langes /u:/, manchmal auch kurzes /u/

F.: Schuál, guád, Karlsruáh, muásch (musst)

(3) /òá/ ersetzt unregelhaft diverse Vokale

Den Zwielaut /òá/ findet man häufig im westschwäbischen Sprachraum, wo er die Diphthonge /òe/ bzw. /óe/ ersetzt. In den vorliegenden Aufnahmen taucht er selten auf; eine Regel für seine Verwendung kann nicht formuliert werden.

F.: schdòánd (stehen 3. P. Plural), Òáder (Ader), mòá ("wo", Relativsatz)

(4) /äá/ ersetzt langes /e:/ (vgl. 3.1.2.3 (10))

3.1.1.5 Die vorwärts gleitenden Diphthonge /ae/, /ei/, /ui/, /òe/ und /óe/

Nicht weniger als 13 Zwielaute besitzt das traditionelle Schwäbisch - wie eintönig erscheint dagegen die hochdeutsche Einheitssprache, die sich mit lediglich 3 Diphthongen zufrieden gibt: /ae/, /au/ und /òe/. Als eindrucksvolles Beispiel schwäbischen Lautreichtums soll dem Leser jenes "dumme(n) Sätzchen mit 13 Einsilbern", in dem Karl HAAG alle "13 schwäbischen Zweilaute" unterbrachte, nicht vorenthalten werden: "Nóá, dui saet, s'Strau sei zgäál, d'Gòáss miáß mae greá Fuátr hau dáuss"[96]. In diesem Satz klingen allerdings einige Diphthonge nahezu gleich, und im heutigen Schwäbisch, wie es in Urbach gesprochen wird, finden wir die vorab behandelten Zentralgleitlaute /iá/, /äá/, /uá/ und selten /òá/, die Vorwärtsgleitlaute /ae/, /ei/, /ui/, /òe/ und /óe/ sowie die Rückwärtsgleitlaute /áu/ und /au/. So kommt man auf insgesamt 10 oder 11 Diphthonge,[97] die in Urbach noch bekannt sind.

Dem hochdeutschen Vorwärtsgleitlaut /ae/ (geschrieben: ei oder ai) können in Urbach die Diphthonge /ae/ (hinein - nae), /óe/ (klein - klóe), /òe/ (breit - bròet) sowie /ei/ (weiter - weider) entsprechen, dem Diphthong /òe/ (geschrieben: eu oder äu) entsprechen /ae/ (Nachläufer - Nòchlaefer), /ei/ (Leute - Leid) oder im Extremfall /ui/ (neue - nuiá), in unseren Untersuchungen wird er aber oft auch dem Hochdeutschen gemäß ausgesprochen. Die Ursachen für diese Vielfalt an verschiedenen Entsprechungen rühren vom Mitteldeutschen her und sollen hier, wo es möglich ist, nur in aller Kürze erwähnt werden.

(1) schwäb. /ae/ entspricht unverändert hdt. /ae/

B.: dae, nae, wahrschaenlich
F.: saené, Schnaedhaem, Haedáhaem

---

[96] HAAG, K.: Die Grenzen des Schwäbischen in Württemberg. Stuttgart 1946, S. 49. Die Schreibweise des Satzes wurde vom Verfasser den Graphemregeln, die dieser Analyse zugrunde liegen, angepasst.
[97] vgl. FREY, E.: Stuttgarter Schwäbisch. Marburg 1975, S. 43 und 33. Nicht aufgeführt wird hier der Laut /óe/, der hochdeutsches /ae/ ersetzen kann, im Stuttgarter Idiolekt aber offenbar fehlt oder nicht eindeutig vom /òe/ abgrenzbar ist.

Bei den jungen Informantinnen fällt auf, dass sie die Ersetzung des hdt. /ae/ durch die oben erwähnten Diphthonge nie oder nur selten durchführen (wobei /ei/ noch recht häufig vorkommt), ihre Sprache also hier wenig dialektale Elemente aufweist:

S.: zaeg'n, zwaemal, Raenigung, klaen, maen
H.: aené, raen, zwae
C.: maené, kaen, Ae, aené, haem
K.: maené, zwae, Ae (und sogar: faelen, schnaeden)

(2) schwäb. /ae/ ersetzt hdt. /òe/

F.: vrschdraeá (verstreuen), Nòchlaefer, ghaeád (geheut), Haebach

(3) schwäb. /ei/ oder /ui/ ersetzt hdt. /ae/ oder /òe/

An dieser dialektalen Eigenheit lassen sich Schwaben meist mühelos identifizieren: die Verwendung des korrekten /ae/ im Hochdeutschen gelingt nur den wenigsten. An Stelle von hdt. /ae/ stehende /ei/ oder breiter /ui/ gehen auf das mhd. altlange /î/ zurück. Ersetzen /ei/ oder /ui/ hochdeutsches /òe/, so ist dies auf die Verschiebung des alten mhd. *iu* zurückzuführen.[98]

B.: leichder, bei, Zeid, heid, glei, gheiradád; heid, Leid
F.: dreiádreißich, weil, normalerweis, drei/drui, beinòh; Heiflá, Schdeierrad, heid; nuiá
S.: bei, weidräumich, vergleichbar, vórbei, bleibá, wobei, Schreibmaschiné, weiß
H.: bei, schreibd, weit, dreimal, Leichtadletik, Freizeid
C.: drei, Beischbiel, Sáuerei, bei; neiá (aber: Mäusétäbbálá)
K.: drei, Leichdadledig, schneid'n (aber auch: schnaeden, faelen; euch)
E.: dábei, Leichdadledig, bei

(4) schwäb. /òe/ ersetzt hdt. /ae/

Hier wurden im Schwäbischen alte ae-Laute ("denjenigen der beiden Zwielaute *ei*, welcher in der deutschen Sprache seit Alters als *ei* oder *ai* gesprochen und geschrie-

---

[98] vgl. BOHNENBERGER, K.: Die Mundarten Württembergs. Stuttgart 1928, § 25 und 26 (S. 19 ff.)

ben wurde"[99]) durch die vorab beschriebenen Verschiebungen verdrängt, da es sonst zu Überschneidungen gekommen wäre. Im Westschwäbischen wird statt /òe/ der Laut /òá/ verwendet.

B.: wòesch, zwòeázwánzich, dáhòem, zwòe
F.: zwòedá, ghòeßá, wòesch, bròed, Ròelá, Ròefá
S.: wòeß
H.: wòeß, wòesch, gmòend
K.: mòen, zwòemòl
C.: ghòeßá

(5) <u>vor Nasal steht meist /óe/ statt /ae/, dabei kann der Nasal wegfallen</u>

B.: kóe, glóená, dáhóem (auch: dáhòem)
F.: óe, nóe, móen, hóem
S.: móen, gmóent
H.: óemòl (aber: gmòend)
E.: d'rhóem (daheim)

Die jüngeren Informantinnen behalten den /ae/-Laut meist bei: zwae, kaen, aené, haem (vgl. 1.).

(6) <u>Sonderfall: /ae/ ersetzt langes /é:/ oder /ä:/</u>

F.: Schnae (Schnee)[100], mae (mehr), Bardlomae (Bartholomä)

3.1.1.6 Die rückwärts gleitenden Diphthonge /au/ und /áu/

Das Schwäbische hat in vielen Fällen das alte mittelhochdeutsche *ou* beibehalten. Hier wird es áu geschrieben. Es klingt deutlich geschlossener als das neuere /au/, das im Neuhochdeutschen generell gesprochen wird und das im Schwäbischen wiederum eher wie /ao/ klingt. Die Mundart ist hier also wieder ursprünglicher (näher am Mittelhochdeutschen) als die Einheitssprache.

---

[99] a. a. O., § 24 (S. 18 f.)

[100] das Wort 'Schnee' bildet eine wichtige Isoglosse zwischen Mittel- und Ostschwäbisch: im Osten erklingt /ää/ statt wie hier /ae/. "Die Grenze (...) läuft östlich von Murrhardt, Gmünd und Ulm" (BOHNENBERGER, a. a. O., § 17; S. 13).

(1) schwäb. /au/ steht unverändert für hdt. /au/

Frauá, glaub, Haubdsaché, génau, Pflaumá, glaufá, au (auch), glaufá, rauchá, Knoblauch

(2) schwäb. /áu/ ersetzt /au/

B.: áufgwachsá, ráus, báud (gebaut)
F.: áufgladá, Háus, Schláuch, Schnáuzé, náuf, Bráuerei
S.: áuf, Áushilfé, áus, táusch, áudomadisché
H.: áusgflibbt, dráuf, áuf, Báuernhof, dráußá, Áufnáhmá
C.: Báuch, Áudobáhná, Sáuerei, áus, bráuchsch, dráuf
K.: bráuchd, áus, dráuf
E.: dráuf, Dáuerlauf

3.1.2 Die Ebene der Konsonanten

Dem schwäbischen Vokalreichtum im Vergleich zum Hochdeutschen steht eine relative Armut im Bereich der Konsonanten gegenüber: hier verfügt die Standardsprache über mehr Laute. Dem Schwäbischen fehlt der stimmhafte s-Laut /z/ komplett (er wird stets durch stimmlos /s/ ersetzt), und die harten Explosivlaute /p/, /t/ und /k/ treten im Inlaut so gut wie nie auf, im An- und Auslaut nur selten, dann aber meistens in gehauchter Form (wobei "in heimischen Wörtern im allgemeinen nur das gehauchte *k (kh)* und dieses nur im Worteingang vor Selbstlaut"[101] tatsächlich weiter hart gesprochen wird). Sie werden in den meisten Fällen durch weiche /b/, /d/, /g/ (bzw. bei Doppelkonsonanten nach Kurzvokal: /bb/, /dd/, /gg/) ersetzt. Ausnahmen bilden manche Fremdwörter, in denen die harten Verschlusslaute dann ebenfalls gehaucht gesprochen werden "(*thorphe:do* Torpedo). Nur in Sonderfällen verwenden Landschaften des Nordens (d. h. des nördlichen Teils des alemannisch-schwäbischen Sprachraumes, Anm. d. Verf.) noch ungehauchten harten Verschlusslaut." [102]

3.1.2.1 Ersetzung der harten Verschlusslaute /p/, /t/, /k/ durch /b/, /d/, /g/

(1) /b/ ersetzt /p/; /bb/ ersetzt /pp/

---

[101] BOHNENBERGER, a. a. O., § 35 (S. 26 f.)

B.: gschbard (gespart), Pembers (Pampers), Schbilmaschniné; gäbbá
(aber: Poschd, Pláddá; üppich)

F.: bledzlich, baar, Beischbiel, Glomb (Gelumpe), Baddend; Gebbengá (Göppingen) (aber: P'ordzhaem)

S.: Schdémblkardé; subber (aber: Pflichdbewußtsaen, paßd)

H.: bassierd, baar, Grubbé (aber: Cpmpuder, pariersch)

C.: Haubdsach, Kabutschino, baßd; mitschlebbá, Jungschargrubbé, abgäbbá, subber, Geldschbéndé, Schbord

K.: Holzbflóck, Kabutschino, Bladz, Beischbiel, Schbord; Dobbelschdund'n, bäbbt
pappt) (aber: Gips)

E.: iberhaubd, Saelhóbfá (Seilhüpfen); Schdebbs'l ('Stöpsel')

(2) <u>/d/ ersetzt /t/ (auch im Laut /ts/); /dd/ ersetzt /tt/</u>

B.: leichder, Zeid; Beddá, Bedd, Áusschdaddung
(aber: Nachttischlá, Taschágeld, Kartoffel)

F.: Daag, zwòedá, rechd; Baddend, Wedder, soddé (solche)
(aber: drenligt, Kriteriom; Stedtlé)

S.: gibd, Möglichkaedá, dródzdem, hald, Sidz, weidräumich, endweder, Mondag; Middwoch, Schdäddé, Schduddgard, theoreddisch, middags, Klámoddá
(aber: natürlich, achté, hat, trotzdem, kommt, táusch, älteré, Tafel)

H.: hald, jedzd, kommd, Schalder, wolld, Kóndo, gibd, Compuder, middags, Thea<u>d</u>er
(aber: <u>Th</u>eader, heut, hat, halt)

C.: sichdich, sibdá, bélégdé Brödchen, ned, erwischd, erschd, Verräderin, gibd, jedz; neddá, Schriddé, widder, Zedd'l, Knoblauchbagedd, Minuddá, odder, biddé, dridd'n
(aber: aentausendachthundert, echt, Turná, intelligent, rundertun, natürlich)

K.: ghörd, Minudá, Chrisdiné, letschdá, Bladz, gud, echd, Leude, jedz, Kerdse, Fünfdglässler; Zedd'l, Mudder, dridd'n, Midde, Wéddbéwerb, áusgschnidd'n, Fòddo
(aber: Christine, hat, schlecht, einteilt, Schultag, Sport, Turná; hatt'n, Schnitt)

E.: raechd, bemühd, echd, erschdá, Dándé, Leichdadlédig, Grischdine, Underschied, Geschichdsbuch, Hälfdé, Kadaschdrophé; odder
(aber: stimmt, Turná)

---

[102] a. a. O., S. 27.

(3) /g/ ersetzt /k/; /gg/ ersetzt /kk/ (geschrieben: ck)

In der Regel bleibt /k/ im Anlaut erhalten, wenn es vor einem Vokal steht: *Kartoffel, Kassé, Koschdá, kochd (gekocht), Kunschd, Kadaschdrophé, Kerdsé, Karrá.* In den anderen Fällen wird die Lenisierung meistens durchgeführt.

B.: glóená, Marg; gligglich, ráusbaggá (aber: Schrenk; Becker)
F.: glaené; Brigglé, Heggdar (aber: Klärálág, Kriteriom, klaené; ghockd, gschickd)
S.: hegdisch (aber: Bánkfachwirtin, klaen)
H.: griegsch; Vordruggé, druggd, naehóggá, Wägschdreggá, zrügglegá (aber: klärd)
C.: Algohol, Glassé; Hoggedsé, Rüggá, Reschbeggd, schiggá (aber: Mark, krieg)
K.: Leichdadlédig, erglärt, Fünfdglässler; Hoggedsé, schregglich

(4) Folgt /k/ auf /n/, so entsteht eine Lautverbindung /ngg/

Beispiele: Gránggákass, Ongg'l, lenggschd, schenggst, dengg'n, schdinggá, gschdónggá, dringgsch

3.1.2.2 /s/ vor Verschlusslauten wird /š/ gesprochen

Durch zusätzliche Lenisierung der Verschlusslaute /t/ und /p/ zu /d/ und /b/ lässt sich die Regel allgemein formulieren: Sämtliche im Hochdeutschen *st* oder *sp* geschriebenen Lautverbindungen werden im Schwäbischen /schd/ oder /schb/ gesprochen. Wir müssen bei der Analyse unterscheiden, ob für die einzelnen Beispiele auch im Hochdeutschen bereits die /sch/-Aussprache gilt, oder ob im Schwäbischen /s/ durch /sch/ ersetzt wird.

(1) Schwäb. /schd/ oder /schb/ ersetzt hdt. /scht/ oder /schp/

Hier sollen keine Beispiele aufgelistet werden, da diese Besonderheit sich lediglich auf die Lenisierung der harten Verschlusslaute bezieht, welche bereits behandelt wurde. Wird in den Transkriptionen und Wortbeispielen trotzdem *st* oder *sp* geschrieben, so wurde in diesen Fällen analog zum Hochdeutschen ein harter Verschlusslaut gesprochen (z. B. Stäb).

(2) /schd/ ersetzt /st/ (vereinzelt fehlt der Verschlusslaut)

B.: erschdé, läschdig, Poschd, Wurschd, Obschd
F.: siehschd, tollschdé, Laschdwagá, muschd, wòesch, Bfóschdá, kááschd, guggsch
S.: kónndesch, isch, de'sch (das ist), kánnsch, maeschd'n, Taschtatur, Taschdá, luschdich, Syschdem
H.: bisch, kriegsch, machsch, kásch, pariersch, Selbschvertaedigung, sónschd
C.: Kóschdá, érschd, bisch, Kunschd, isch, achdázwánzigschdá, willsch, lenggschd, Laschder, bráuchsch
K.: letschdá, waesch, -reschd, Lischdá, Chrischdiné, isch, hòsch, Kunschd, bisch, nägschder (aber auch: Christine)
E.: Kadaschdrophé, érschdá, wärsch, waesch, nägschder, -reschd, leuchdesch, Kerschdin, Grischdiné

(3) /schb/ ersetzt /sp/

Bsp.: Hoschbidaal, Veschber, Gnóschbé, Veschba (Motorroller), Kaschberlé

(4) Ausnahmen

In Ausnahmefällen kann aber auch im Schwäbischen ein Verschlusslaut auf /s/ folgen, vor allem bei zusammengesetzten Wörtern.

Beispiele: ißt (C.), Reistopf, mißt, wießd (wüsste), Nußdordé, áusbróbierá, Fußball (konstruierte Bsp.) usw.

3.2 Grammatik und Morphologie

Im zweiten Teil der Analyse sollen die wichtigsten dialektalen Besonderheiten in Konjugation, Flexion, Kasus und Tempus dargestellt und mit den Grundregeln der Einheitssprache verglichen werden.

3.2.1 Die Substantive

Im Bereich der Flexion von Substantiven gibt es nur wenige, aber entscheidende Abweichungen der Mundart vom Standard. BOHNENBERGER sieht "viel Übereinstimmung mit der nhd. Schriftsprache, doch sind es auch der Unterschiede nicht wenige und es finden sich tiefgehende darunter."[103] Die Abweichungen beschränken sich dabei weitgehend auf "Ausfall und Verkürzung von Endungen", die "in den meisten Fällen (...) regelmäßig" sind.[104]

3.2.1.1 Maskuline Substantive im Singular

- Die Endung -n fällt weg: Fíhrerschae, *Wein - Wae, Plan - BLG*
- Die Endungen -en, -em, -e werden zu -á verkürzt oder (seltener) weggelassen: Rüggá, Ránzá, Wagá, Rechá, Riáságardá, Hahná, Karrá

3.2.1.2 Feminine Substantive im Singular

In den Aufzeichnungen finden wir für Substantive weiblicher Form genügend Beispiele.

- Die Endung -e wird ausgelassen oder duch -á ersetzt:
  Gránggákass, Wies, Wasáméhl, Klärálag, Vorderachs, Schuál, Kurf, Schdròß, Tachoscheib, Lángkudsch, Haubdsach, Kichá, Lachá (Lache = Gülle), Wiedomshaldá, Schdónd, Wóch, Königsstraß, *Matte – Maddá*

Auffallend sind hier die zahlreichen standardsprachigen Varianten, nicht nur bei den jungen Informantinnen: Geldschbéndé, Glassé, Schulé, Coladosé, Kadaschdrophé, Jungschargrubbé, Zugmaschiné, Schnáuzé, Middé, Nähé, Pladdé, Geldschbéndé, Glassé, Schulé, Hälfdé, Haferflockensuppé, Frauágrubbé, Nodé, Békánndé, Kreisschbarkassé, Schdémblkardé u. v. m.

3.2.1.3 Geschlechtsneutrale Substantive im Singular

- In den Aufzeichnungen finden wir hier fast nur substantivierte Verben, bei denen die Endungen wie bei maskulinen und femininen Substantiven durch -á ersetzt werden: Haeá (das Heuen), Rauchá, Saelhobfá, Turná, Essá, Middagessá
- Auch Verkürzungen sind möglich: *Aug*

---

[103] BOHNENBERGER, a. a. O., § 48 (S. 36)

- Wörter ohne regelmäßige Endung werden nicht verändert: *Háus, Glas, Faß, Knie, Ohr, Herz*
- Zu den geschlechtsneutralen Substantiven gehören auch die durch die Verkleinerungsform -lé (ersetzt hdt. -chen und -lein) gebildeten Wörter: Männlé, Äggerlé, Brigglé, Bildlé, Schdigglé, Kerlé (Kerl), Stedtlé, Räumlé

3.2.1.4 Das schwäbische Pluralsystem

Den insgesamt neun Regeln zur Pluralbildung in der hochdeutschen Einheitssprache stehen nur sechs Regeln in der schwäbischen Mundart gegenüber, die hier im Einzelnen beschrieben werden sollen.

(1) Die Pluralform entspricht der Singularform: keine Endungen

Ring, Schdond/Schdund, Pfóschdá, Morgá (Flächenmaß), Jòhr, *Fääschder (Fenster), Fisch, Bier, Hónd (Hunde)*

(2) Pluralbildung durch Anhängen von -á / Ersetzten von -e durch -á (im Hochdeutschen: -n oder -en)

Die jüngsten Informantinnen verwenden hier fast durchweg die hochdeutschen Endungen. Trotzdem finden sich in den Aufzeichnungen viele Beispiele:

Frauá, Pladdá, Beddá, Riábá, Midderá, Sachá, Zwedschgá, Wiesá, Schdròßá, Schneekeddá, Zeidá, Koschdá, Minuddá, Áudobáhná, Lischdá, Raehá, Pflaumá, Achsá, Filialá, Schdóndá, Klámóddá, Wägschdréggá, Taschdá, Áufnáhmá

Bei den Wörtern mit Verkleinerungssuffix -lé wird ebenso verfahren: Männlá, Mäusétäbbálá, Nachttischlá, Ròelá, Heiflá, Mädlá

(3) Pluralbildung durch Suffix -er ohne Rundung des Stammwortes

Kender, Gòeschder

---

[104] AMMON, U.; LOEWER, U.: Schwäbisch. Düsseldorf 1977, S. 60.

Bei einigen Substantiven, "denen sie nach Ordnungen der Schriftsprache nicht zusteht"[105], wird die Silbe -er ebenfalls zur Pluralbildung eingesetzt:

Hemmáder (Hemden), Sòeler (Seile)

(4) Pluralbildung durch Diphthongierung des betonten Vokals im Stammwort (im Hochdeutschen: Rundung des Vokals)

Für diese seltene Form der Pluralbildung finden sich keine Beispiele in den Aufzeichnungen (außer Kiá - Kühe): *Briáder (Brüder).*

(5) Pluralbildung durch Bildung des Umlautes des betonten Vokals im Stammwort (im Hochdeutschen: Bildung des Umlautes mit Suffix -e)

Stäb, Schrenk (Entrundung von /ö/ zu /e/), Meéheef (-höfe), Abflbaem (-bäume), Stedt (Städte), Leid (Leute), *Meis (Mäuse)*

(6) Pluralbildung durch Bildung des Umlautes und Anhängen von -er

Heiser (Häuser),Gräser, Fässer, Greider (Kräuter)

(*) Bei allen Infomanten finden sich dem Hochdeutschen angeglichene Ausnahmen:

B.: Kinder, Filmé, Freundé, Pferdé
F.: Pédalé, Bremsbelägé, Schdròßáverheldnissé (auffällig: von Thematik abh.)
S.: Leudé, Filial'n, Vórtaelé, Stund'n; H.: Vórdruggé
C.: Brödchen, Turnfiguren, Wochen, Schriddé
K.: Minud'n, Klass'n

3.2.2 Die Artikel

Auch in der Ebene der Artikel fehlen dem Dialekt "die hochsprachigen Genitivformen, die durch '*von* + Dativ' umschrieben werden"[106]. BOHNENBERGER erwähnt die "Fülle nebeneinander hergehender" betonter und unbetonter Formen der "Geschlechtswörter", "die Beseitigung des letzten Unterschieds zwischen Werfall und

[105] BOHNENBERGER, a. a. O., § 54 (S. 41)
[106] AMMON, U.; LOEWER, U.: Schwäbisch. Düsseldorf 1977, S. 62.

Wenfall in der männlichen Einzahl" sowie die unregelmäßige Verkürzung bei Artikeln in unbetonter Position, wobei "teils der vordere, teils der hintere" Mitlaut beibehalten wird.[107] Im folgenden sollen die Beispiele nicht nach Informanten sortiert aufgelistet werden, da es für die einzelnen Bereiche nicht allzu viele Belege aus den Aufnahmen gibt.

3.2.2.1 Die bestimmten Artikel

(1) Nominativ Singular

maskulin: dá Vadi, der Bírgermaeschder; dá Modor, der klaené Buá, dá Schulldes, dá Ánschdándsreschd, dá Underschied, dá Hammer, dá Sidz, der Stern
feminin: die Gefahr, die Klärálag, d'Schnáuzé, d'Schuál, diá Schdròß, dé gánz Wasámehl, die Tochter, die Hälfdé, die Arbaedszeid, die Zeid, d'Schbordhallé
neutral: des Gras, 's Bírgermaeschderháus, des Háus, des Gudé, des Ae, 's Géschichdsbuch,

Im Bereich des Nominativs stehen die verkürzten Formen dá (der), d' (die) und 's (das) für bestimmte Artikel in unbetonter Position; die vollen, der Hochsprache nahen Formen lassen sich in den meisten Fällen eher den Demonstrativpronomina zuweisen, die später behandelt werden; diese Zuordnung ist nicht immer eindeutig, weswegen die vollen Formen hier ebenso aufgelistet werden.

(2) Nominativ Plural:

Der Artikel für den Nominativ im Plural lautet unabhängig vom Genus stets *die* bzw. *diá* oder verkürzt *d'*. Die verkürzte Variante taucht in den Aufzeichnungen nicht auf - dies mag daran liegen, dass sie vorwiegend bei Subjekten verwendet werden, die vorher zumindest schon erwähnt worden sind oder dem Gesprächspartner vertraut sind.

Die Schdròßá, die Schdròßáverhéldnisse, die Frauá, die Kinder, diá Béddá, die Schrenk, die Nachttischlá, die Mídderá, die Leid, die Pfärdé, die aldé Schdréggá, die Jungé, die andré

[107] BOHNENBERGER, a. a. O., § 57, 58; S. 42.

(3) Akkusativ Singular:

Auch hier fällt die Unterscheidung zwischen betonten bestimmten Artikeln und Demonstrativpronomina nicht immer leicht. Bei Akkusativ und Dativ werden hier parallel Temporal- (von dem Daag á) und Lokaladverbiale (áuf d'Granggákass, án d'r Scheibé) aufgeführt, da sie analog gebildet werden.

maskulin: d'r Haewagá, dá Áhenger, dá Fíhrerschae, den Laschdwagá, den Zeddl, dá Dáuerlauf, den Sechser, dá Rüggá, dá Schalder, dá Filiallaeder, dá Hindergrund
feminin: die Kurf, d'Scheib, die Middé, die Hälfdé, d'Beradung
neutral: om's Egg, en's Gschäfd, en's Gnigg, ds lédschdé, des Ding, des gánze, 's Geld, ins Geschbräch, d'Kántiné

(4) Akkusativ Plural:

Hier scheint die Form *die* für den Artikel (hdt. die), *diá* für das Demonstrativpronomen (hdt. diese) zu stehen.

die Ring, die Jongé, die Grundnahrungsmittel, diá Keddá, diá Zwillingsròefá, die alde Schdréggá, die Klámóddá, die Leudé

(5) Dativ Singular

Die Demonstrativpronomina lassen sich hier an der nicht verkürzten Form identifizieren: *-em, -'m, d'* stehen für hdt. dem, der; *dem, der* stehen für hdt. diesem, dieser.

maskulin: em Hägdar, miéd'ám Rechá, uff'ám Wagá, (án dem Áhenger), vom Wald, onder'm Karrá, aus'm Hahná, zom Becker, em Mai, (von dem Daag á)
feminin: áuf d'Gránggákass, von dá Gémeindé, en d'r Wáád, án d'r Scheibé, en dá Éschbachhallé, ab dá elfdá Glassé, mit dá Kraesschbarkassé, mit dá gánzá Hánd, vón dá Dimension her, näbá dá Kántiné
neutral: nòch'ám Wedder, vor/nòch'ám Gschäfd, (dem klaená Ding,) vom Wedder, em Turná, zum Aekaufá, vor'm Middagessá

(6) Dativ Plural

Die hochdeutsche Form *den* wird zu *dé* verkürzt: *mid dé Kiá*

(7) Genitiv

Man kann im Schwäbischen nicht von der Existenz einer eigenen Genitivform sprechen, vielmehr geschieht die Bildung des Genitivs durch Verwendung des Dativs mit vorangehendem *vón*. Die Regeln lassen sich von denen der Dativbildung ableiten.

maskulin: der Hónd vom Nòchbòr, des Leichdá vom Mónnd, die Middé vón dem Schdern
feminin: die Schdrahlá von dá Sónn,die Farb von dá Dier, inná von der Coladosé
neutral: die Farb vom Áudó, die Reglá vom Schbiel
Plural: die Farbá von dé Áudós, die Sorgá von dé Frauá, 'ne Téléfonrechnung von déné drei Wochen, (die von maener Jungscharbrubbé)

Nicht vergessen werden soll die auch in der hochdeutschen (zumindest in Süddeutschland) Umgangssprache verbreitete Form: 'maem Großvaddr saené Ochsá' (Die Ochsen meines Großvaters).

3.2.2.2 Die unbestimmten Artikel

(1) Singular

Die Regeln zur Bildung der unbestimmten Artikel in Nominativ und Akkusativ lässt sich wie folgt zusammenfassen: im Maskulinum lautet der Artikel *en* oder *á*, im Ne1utrum und Femininum nur *á*.

maskulin: en Késsel, en Härd, en Ring, en Báuschbarverdrag, en Häggdar, á Morgá, á Riáságardá, en Áhenger, en Wisch
feminin: á Waschmaschiné, á Küché, á Wohnung, á Lángkudsch, á Ámbl, á Schdángé, á großé Firma, á Áusschdaddung, á Wies, á Verräderin, á Kerdsé, á Tochder, á Schreibmaschiné, á gudé Nodé, á raené Frauágrubbé
neutral: á Rohr, á warms Bédd, á Schdigglé, á Gschäfd, á Glómb, á Baddend, á Loch, á Männlé, á Ae, á Kóndo

Im Dativ heißen die unbestimmten Artikel *má, ámá* (mask. u. neutr.) und *rá, árá* (fem.). Die Bildung der Genitivformen erfolgt durch *vón má, vó'má* (eines) im Maskulinum und Neutrum, durch *vón rá, vó'rá, vón árá* (einer) im Femininum. Leider finden sich für Dativ und Genitiv in unbestimmter Form keine Belege in den Aufzeichnungen.

(2) Plural

Wie in der Schriftsprache gibt es auch im Dialekt keinen Artikel für die unbestimmte Pluralform.

> áus aldé Sachá, ébáné Wiesá, dò warád Zwädschgá, baar scheené Bilder, die hòd Zwedschgá ghed, dò hòd's au Filmé gäbbá, dò sen au schó Freundé kómmá, immer ánderé Klámóddá, des sin ja Wägschdréggá, bei jüngeré Leid, großé rundé Taschdá

Die Mundart ersetzt auch hier den Genitiv durch eine Dativform: *die Farb von Zwedschgá*

3.2.2.3 Besonderheiten im Gebrauch von Artikeln

(1) Artikel bei Abstrakta, Eigennamen, Titeln, Krankheitsbezeichnungen u. a.[108]

In einer Reihe von Fällen setzt der Dialekt einen Artikel, wo ihn die Hochsprache weg lässt:

> Wánn mer'n'Schnae ghed hòd, *á Pech,* dá Vadi, bei dá Frau Sch., bei dé M. A. N., beim Ríhlé gschaffd, bei dá Frau Sch., á Taschágeld, hen dié dò á Theader gmachd, die Chelsea, d'Chrischdiné, d' Kerschdin

(2) Vom hochdeutschen Standard abweichende Geschlechtsformen

"Eine Reihe von Substantiven hat im Dialekt ein anderes Genus also in der Hochsprache. Regeln gibt es dafür nicht."[109] Die Informanten aus Urbach liefern wenige Beispiele.

> B.: des Kámin, dae Sach; F.: 's Egg; E.: den Sechser (statt: die Sechs)

(3) Fehlende Artikel

> B.: "...hòd mer dò schó Élekdrohärd ghed..." (möglicherweise Plural)
> F.: "Briggló iber dá Rems diebá, hemmer au...", "...on des war groß Hochwasser", "dié hend Durchfahrverbod", "Tachoscheib ond älles wellád sé glei sähá"

---

[108] vgl. AMMON, U.; LOEWER, U., a. a. O., S. 63.
[109] a. a. O., S. 64.; eine Wortliste häufiger Abweichungen findet sich dort.

3.2.3 Die Verben

Traditionell werden Verben in verschiedene Klassen eingeteilt. So gibt es auf der einen Seite die Einteilung in Vollverben, Hilfsverben und Modalverben. Hinsichtlich ihres Verhaltens bei der Konjugation werden die Zeitwörter andererseits in starke, schwache und unregelmäßige Verben eingeteilt. Wo immer möglich, wurden Beispiele aus den Aufnahmen ausgewählt, die dabei teilweise in die Standardfolge Subjekt - Prädikat - Objekt umgestellt wurden, wenn sich der Dialekt bei dieser Umstellung nicht von der Standardsprache unterscheidet. Nicht relevante Satzteile wurden ausgelassen und durch drei Punkte ... ersetzt.

Das Schwäbische kennt streng genommen nur zwei Zeitformen: das Präsens und das Perfekt als einzige Vergangenheitsform. Um Ereignisse der Zukunft auszudrücken, verwendet der Dialekt vorwiegend das Präsens in Verbindung mit einem Zeitadverb. Vereinzelt wird das Futur aber auch, wie in der Hochsprache, mit dem Hilfsverb *werden* gebildet. Da der Mundart das Präteritum fast völlig fehlt - außer bei dem Hilfsverb *sein* - besitzt sie folgerichtig nur zwei Stammformen: den Infinitiv, bei dem die hdt. Endung -en stets durch -á ersetzt wird, und das Partizip II, gebildet mit Hilfe der Hilfsverben *han* und *sae*, wobei das Präfix -ge des Partizips auf -g' verkürzt oder ganz weggelassen wird (*bròchd - gebracht*).

3.2.3.1 Die Endungen des Verbs im Präsens

Anhand der transkripierten Aufnahmen lassen sich die schwäbischen Endungen für alle Personen in Singular und Plural aufzeigen.

(1) <u>1. Person Singular: keine Endung (hdt.: Endung -e bzw. keine Endung)</u>

i wòeß, i gáng, i déngg, i mach, i laß, i han[110], i be(n), i werd

(2) <u>2. Person Singular: Endung -sch oder -schd (hdt.: -st)</u>

du... lernsch, dringgsch, kénnsch, leuchdesch, endwirfsch, siehschd, griágschd, kriegsch, machsch(d), schdaggschd, fahrsch(d), wòesch(d), dénggsch(d), guggsch, hóggsch, kómmsch

(3) 3. Person Singular: lenisierte Endung -d, manchmal -t durch Auslautverhärtung

er/se/'s/mer... bassierd, schreibd, druggd, haerd...áuf, lángd, gibd, schwengd, drähd, ligt, lenggd, machd, rägned, fahrd, reißd, gòhd, wohnd, báut, schdòhd, schdéggd, hóckd, kómmd, laufd

(4) 1. Person Plural: Endung -ád, bei Inversion Verkürzung (hdt.: -en)

mir bohrád, mir schdéllád; sagá mer, schaff'mer, schbiel'mer

(5) 2. Person Plural: Endung -ád (hdt.: -t)

Keine der Gewährspersonen hat die 2. Person Plural während der Aufnahmen gebraucht.

ihr machád, ihr schreibád, werdád, nemmád; machád'er, schreibád'er

(6) 3. Person Plural: Endung -ád (hdt.: -en)

se... riechád, kriegád, koschdád, machád, wissád, schdándád (altertümliche Ausnahme: schdòand)

(*) Ausnahme bei allen Pluralformen:

Die Hilfsverben *haben* und *sein*, die vor allem zur Konstruktion des Perfekts als einziger Vergangenheitsform des Schwäbischen nötig sind, werden unregelmäßig gebildet:

mir hen(d), ihr hen(d), se hen(d)
mir sen(d), ihr sen(d), se hen(d); das /e/ ist hier stets geschlossen zu sprechen.

[110] In Urbach herrscht aus dem Halbfränkischen stammendes *hán* vor; für das Schwäbische ist von Alters her eher *hau* typisch. Vgl. HAAG, K.: Die Grenzen des Schwäbischen in Württemberg, Stuttgart 1946, S.22.

3.2.3.2 Vollverben

Diese Verben bilden allein das Prädikat eines Satzes. Sie werden weiter untergliedert in persönliche und unpersönliche, transitive und intransitive sowie reflexive Verben. Diese Einteilung soll im Rahmen dieser Arbeit nicht durchgeführt werden, da der Dialekt in dieser Beziehung weitgehend analog zur Standardsprache vorgeht. Vielmehr wollen wir uns im folgenden Abschnitt den schwachen, starken und unregelmäßigen Vollverben zuwenden.

Die schwäbische Mundart bildet bei einigen starken oder unregelmäßigen Verben den Präsensstamm oder das Partizip II abweichend vom Standard. Beispiele aus den Aufzeichnungen belegen dies:

- Präsens Singular: einheitlicher Stammvokal im Dialekt, Vokalwechsel oder Umlaut in der Hochsprache
  fahren - du fahrsch (du fährst), er fahrd (er fährt); laufen - 's laufd (es läuft); *brechen - i brich (ich breche), fallen - er falld (er fällt), backen, blasen, sehen u. v. m.*
- Unterschiede bereits in der Infinitivform: Bei den Verben *gehen* und *stehen* unterscheiden sich beide Stammformen von denen der Hochsprache, sie werden infolgedessen völlig verschieden konjugiert.
  gehen: i gáng, *du gòhsch,* 's gòhd, *mir/ihr/se gángád/gehn/gaun*
  stehen: *i schdánd, du schdòhsch,* 's schdòhd,
  mir/ihr/se schdándád/*schdehn*/schdòán

(1) <u>Schwache (schwach konjugierte) Verben</u>

- Bildung des Perfekts mit dem Hilfsverb *han*, analog zur Hochsprache:
  aezahlá - aezahld, schaffá - gschaffd, schbará - gschbard, kochá - kochd, verdiená - verdient, báuá - báud, machá - gmachd, wohná - gwóhnd, kaufá - kaufd u. v. m.
- Bildung des Perfekts mit dem Hilfsverb *sae*, analog zur Hochsprache:
  áusflibbá - áusgflibbt, rudschá - (mit)grudscht
- Ausnahme: das Perfekt des ugs. Verb *hóckáá* wird im Dialekt mit *sein (sae)* gebildet: du bisch dò ghóggd, mir send ... ghóckd

(2) Starke Verben

Man erkennt im Dialekt die starken Verben an der Endung -á im Perfekt (hdt.: -en)

- Perfektbildung mit *han*, analog zur Hochsprache:
  abgäbbá - abgäbbá, áfángá - ágfángá, essá - gessá, schdénggá - gschdónggá, gäbbá - gäbbá, áussää - áusgsää, schlòfá - gschlòfá
- Perfektbildung mit *sae*, analog zur Hochsprache:
  kommá - kommá, gángá - gángá, fahrá - gfahrá, laufá - glaufá, schderbá - gschdòrbá, wachsá - gwachsá, umziá - umzogá
- Perfektbildung mit *sae* anstatt mit *haben/han* wie im Hochdeutschen:
  schdándá - gschdándá (hdt.: *stehen - gestanden*)
  sitzá - gsessá (hdt.: *sitzen - gesessen*)

Verben wie *sitzen, stehen, liegen* werden im Dialekt intransitiv interpretiert, während die Hochsprache sie als transitive Verben behandelt.

(3) Unregelmäßige Verben

Zu ihnen zählt man die Vollverben *bringen, wissen, kennen, rennen, denken,* wobei die drei letzteren im Dialekt schwach konjugiert werden (*kénná - i han kénnd, rénná - i be grénnd, dénggá - i han dénggd*), sowie die Modalverben (vgl. 3.2.3.4).

3.2.3.3 Hilfsverben

Die Hilfsverben *haben, sein, werden* werden sowohl im Hochdeutschen als auch in der Mundart unregelmäßig konjugiert. In den Aufnahmen finden sich die Beispiele: hán - i hán ghed, míssá - du hòsch schaffá miáßá, bréngá - (ferdich)bròchd

Konjugation der Hilfsverben im Schwäbischen:

Person		*hán/hau (haben)*	*sae (sein)*	*werdá (werden)*
Si. 1	**i**	hán/hau	be(n)	werr/werd
Si. 2	**du**	hòsch(d)	bisch(d)	wirsch(d)
Si. 3	**er/se/'s**	hòd	isch(d)	wird
Pl. 1	**mir/-'mer**	hen(d)/he'	sen(d)/se'	werrád/werdád
Pl. 2	**ihr/-'er**	hen(d)	sen(d)	werrád/werdád
Pl. 3	**se**	hen(d)	sen(d)	werrád/werdád

- Hilfsverben als Teil einer Perfektform:
  Die Hauptaufgabe der Hilfsverben *haben* und *sein* besteht im Schwäbischen darin, zusammen mit der zweiten Partizipform eines anderen Verbs sowie gegebenenfalls des Partizip-II-Präfixes ge- das Perfekt zu bilden. Das Präfix ge- wird im Dialekt dabei zu g- gekürzt, in vielen Fällen auch ganz weggelassen. Zur Bildung des Partizip II vgl. Kap. 3.2.3.2.

- Das Hilfsverb *werden* kann in seltenen Fällen auch im Dialekt zur Bildung einer Futurform dienen: B.: des werd i nie vergessá, H.: mer wird ... erkenná

- Hilfsverben als selbständige Verben:
  Hilfsverben können auch selbständige Verben sein, wenn sie allein das Prädikat bilden.
  hán: dò hán'e Bilder, heid hòd mer, du hòsch ... en Nòchlaefer, hen Sie Babieré?
  sae: des isch egal, du bisch á Verräderin, was isch jedz los?, de'sch d'Schuál, dò isch des Kámin, die Gefahr isch..., des isch so, des isch abhengig vom Wedder, mir sin au aentaelt, i ben ... besser, des isch dá Underschied
  werdá: die werdád immer frecher

- Das Hilfsverb *sae* kann im Präteritum stehen
  Als einziges Verb besitzt *sein* im Schwäbischen eine Form für das Präteritum. Häufig wird aber auch hier die Vergangenheit durchs Perfekt ausgedrückt, vor allem bei älteren Sprechern:
  wie's Wedder gwä isch, mir send onderwägs gwäá, 's isch grad redch gwäá

- In den Aufzeichnungen taucht oft das Präteritum auf:
  dò war á Rohr nae, mir warád zfriedá, mir warád verheiradád, Fa. A. war á großé..., die war arg guád, der war so groß, des war á schlimmé Zeid, mir warád des gwehnd
- Alle anderen Verben, die während der Aufnahmen im Präteritum benutzt wurden, sind an die Hochsprache angelehnte Varianten und bedürfen hier keiner Erwähnung.
- Das Hilfsverb *werden* bildet das Passiv:
  im Perfekt: ... die gánz Wasámehl fòrdgschwemmd wòrrá *(worden)* ischd (F.)
  ... en Backnáng hergschdelld wòrrá *(worden)* (F.)
  im Präsens: ... des wird áufzaechn'd (F.); Wemmer erwischd wird, wird mer haemgschickt... (C.)

3.2.3.4 Modalverben

Die Perfektform der schwäbischen Modalverben *kenná, därfá (dürfen), meegá, missá, sóllá* und *wóllá* (in der neueren Grammatik werden *brauchen* und *versuchen* manchmal ebenso zu den Modalverben gezählt) wird stark gebildet, d. h. das Partizip II dieser Verben ist identisch mit dem Infinitiv, besitzt also die starke Endung -á. Für alle Modalverben außer *mögen* finden sich Belege in den Texten; die Personalpronomina wurden teilweise nachträglich hinzugefügt.

In der Regel stehen Modalverben in Verbindung mit einem anderen Verb und "verändern die Aussage des Prädikats".[111]

(1) müssen (missá/ miáßá):

im Präsens: i muss sagá, du musch höflich bleibá, musch dir vorschdellá, musch abzahlá, musch de ... richdá, se miáßd ... sagá, mer muss ... schreibá, es muss ja so sae; *mir, ihr, se missá(d)/miáßd*
im Perfekt: du hòsch (schaffá, áufbassá) missá/miáßá, mer hòd (abgäbbá, ómgángá, vrschdraeá, mää) missá/miáßá, die hend hergäbbá missá

---

[111] RÖTZER, H. G.: Auf einen Blick: Grammatik. Bamberg 1985, S. 87.

(2) können (kénná)

im Präsens: i kánn me endsinná, kánn e ... kaufá, du káásch nex mae machá, kásch d'r vorschdellá, kánnsch se such'n, káschd net nómfliágá, des kánnsch du net, der kánn ... druggá, jedz ká mer mää, kénnád ihr (*mir, se*) .... vorschdellá
im Perfekt: i hán kaufá kenná, du hòschd machá kenná, der hòd ... schlòfá kenná, mer hòd (hoemduo, radoá) kenná, mir hen dò wohná kenná

(3) dürfen (därfá/dírfá)

im Präsens: i därf ned ... durchfahrá, du därfsch ... fahrá, sidzá, d'rschd ámòl sää, mer därf némmé fahrá, mer därf ... dransbrdierá, mir (*ihr, se*) dírfád net rauchá
im Perfekt: hosch némmé durchfahrá därfá, mer hed ... áhengá därfá, mir hen (essá, dò wohná) därfá

(4) wollen (wéllá)

im Präsens: *i will reidá, du willsch áufhaerá,* der will uns... gäbbá, die/ se (*mir, ihr*) wollád (schbiel'n, ned absetzá, ned rundertun), älles wéllád se glei sää
im Perfekt: der... hòd ons ed naelassá wéllá, der hòd ... naedó wéllá

(5) sollen (sóllá)

im Präsens: wo sóll i des herwissá?, wie i des béschreibá soll, *du sóllsch des so machá,* dá J. sóll uns such'n, mir (*ihr, se*) sóllád ... midschlébbá

(6) mögen (meegá)

im Präsens: i määg, du määgsch, er määg[112], mir, ihr, se meegád

3.2.3.5 Modi des Verbs

(1) Indikativ

---

[112] In einem größeren Teil des schwäbischen Sprachgebietes überwiegen: *i mòòg, du mòògsch, er mòòg,* jedoch in Urbach ist meist das lange /á/ zu hören (vgl. 2.3.1.2).

Der Indikativ als häufigster Modus von Verben ist in den vorangegangenen Abschnitten behandelt worden. Er steht für reale Aussagen, in Sätzen, in denen "etwas eindeutig festgestellt" wird.[113]

(2) Konjunktiv I

Der Konjunktiv gibt eine eingeschränkte, nicht auf Richtigkeit überprüfte Aussage wieder, wie man sie von einem oder mehreren Dritten erfahren hat. Das Schwäbische kennt im Gegensatz zur Hochsprache keinen Konjunktiv I; er wird in der Regel mit den Verbformen des Konjunktiv II gebildet. Ein schönes Beispiel belegt dies:

> S.: On nò hòd sé au gsaggd, also heud wär (*sei es*) widder gánz schlimm gwes'n, dò käm (*komme*) au immer aené, die würrdé abends noch - vóll schdingg'n...(*stinke abends noch voll*), óbwohl se ae'ntlich immer ándeŕé Klámóddá ánhett (*anhabe*)...

(3) Konjunktiv II

Er dient dazu, Vorstellungen, Wünsche, Spekulationen oder einen Zusammenhang zwischen einer möglichen Bedingung und einer Folge auszudrücken. Die schwäbischen Formen verhalten sich analog zum Hochdeutschen. Allerdings bildet der Dialekt den korrekten Konjunktiv II, vor allem in wenn-Sätzen, nur mit wenigen Hilfs- und Modalverben. Der letzte Satz könnte auch lauten: *Wenn's Leichdadledig ned gäbbá däd,...*; weniger wahrscheinlich ist die Konstruktion: *Wenn's Leichdadledig ned gäb'.*

> S.: ...theoreddisch könndesch du... middags erschd ánfángá; ...ja, á bißle´ruhiger wär net schlecht
> C.: Schdélld euch vor, des wär'n Kabutschino-Becher.
> E.: Wenn Leichdadledig ned wär, wärsch du au besser, odder?

(4) Imperativ

Die grammatische Befehlsform kommt nur in der zweiten Person Singular und Plural und nur im Präsens vor. Die Hochsprache ist in den vergangenen Jahrzehnten dazu übergegangen, bei der Singularform die Endung -e auszusparen. So heißt es jetzt

---

[113] RÖTZER, a. a. O., S. 102.

bleib stehen! anstatt *bleibe stehen!*. Das Schwäbische verhält sich infolge der Konsonantenschwächung am Wortende ebenso.

B.: Edz suách ámòl á Wohnung;
F.: Hól ámòl gschwend des Bildlé dòhánná; Jedz schdell der des vor dò
E.: Such under déné klaené Schdebbsl vorné...

Die Aufforderung kann auch durch einige andere grammatische Formen ausgedrückt werden:

F.: Dò guggsch ámòl daen Ónggl á; ...ond jedzd musch du fahrá
K.: Du musch dir mal vorschdellá...

3.2.4 Die Pronomina

Für die einzelnen Personalformen innerhalb des Singular und Plural werden folgende Abkürzungen verwendet: Si. für Singular, Pl. für Plural, 1, 2 und 3 für die Person. Si. 1 steht also für die erste Person Singular, Pl. 2 für die zweite Person Plural usw. Die Beispielsätze sind eventuell verkürzt worden. Auffällig: Die jungen Informantinnen benutzten bei den Pronomina hochsprachige Formen konsequenter als bei allen anderen Wortarten.

3.2.4.1 Die Personalpronomina

(1) Nominativ

Si. 1	i	B.: I hán ned amòl á Wachmaschiné ghed.
	é	F.: Dreiádreißich Jòhr hán'é beim Ríhle gschaffd.
Si. 2	du	H.: On was bisch du nò?
	dé	C.: Áus was dé willsch hald.
	-	F.: Dò d'rschd ámòl säá,...
Si. 3	er	H.: Hat er gmòend, er macht jedz á raené Frauágrubbé.
	se	S.: Dánn hòd se gmerkt, des geht irgendwie dóch net,...
	es, 's	B.: Es muss ja so sae.; F.: So gibd's so mánchs Erläbnis,...
Pl. 1	mir	F.: Mir send emmer zu zwòed gfahrá, sen mir.
Pl. 2	ihr	*Ihr wissád schó,...*
	'er	*Wóróm rénnád'er so?*
Pl. 3	se	F.: ...ond nòchär hén se ámòl en Wisch ráusbròchd,...

(2) Genitiv:

Ein Personalpronomen im Genitiv existiert nicht, da der Dialekt keinen Genitiv kennt. Ein Satz wie *Der Lehrer erinnert sich meiner*, der im Hochdeutschen schon gekünstelt und antiquiert klingt, ist im Schwäbischen undenkbar. Man müsste ihn mit *Dá Lährer erinnert sich án mi* übersetzen, er wird also vom zweiten in den vierten Fall gesetzt.[114]

(3) Dativ

Si. 1	mir, mer	F.: Ha, dò miáßd se mer erschd ámòl Beschaed sagá...
Si. 2	dir, der	H.: Wánn die zu dir unverschämt sin,...; S.: Mir gfälld's,...
Si. 3	em, ám, ehm, 'm	*Gibsch'm á Mar;, Lasch'ám was iábrich; Ehm hòd's gfallá*
	rá, árá	*I hán zu rá gsaggd,...*
Pl. 1	oos, ons	*Ons gòhd's guád; Án oos isch des vorbeigángá.*
Pl. 2	eich, uich	*Der gibd eich was.*
Pl. 3	en, ene	*Ene isch's egal gwä. Des isch'en egal gwä.*

(4) Akkusativ

Si. 1	mi, me	
Si. 2	di, de	
Si. 3	en, án, 'n, ehn	C.: o. k., dánn nehm ich'n áuf maen' Schoß...
	se	
	's	F.: Ám ándrá Daag hòd mer's nò nommòl vrschdraeá miáßá.
Pl. 1	ons, oos	B.: Aber der Birgermaeschder hòd ons ed naelassá wellá
Pl. 2	eich, uich	
Pl. 3	se, 's	

Die höfliche Anredeform 'Sie' wird auch im Dialekt analog zur 3. Person Plural gebildet.

---

[114] vgl. Abschnitt 3.2.2 (7)

3.2.4.2 Die Reflexivpronomina

Ein eigenständiges Reflexivpronomen gibt nur für die 3. Person es heißt sowohl in der Hochsprache als auch im Dialekt 'sich'. In den anderen Fällen werden die Dativ- oder Akkusativformen der Personalpronomina gebraucht. Einige Beispielsätze:

B.: könned ihr euch gar némmé vorschdéllá; i kánn me au no endsinná; wenn i von mir sälber áusgáng; kánnsch du dir net vorschdéllá; kénnád sich heid die Jóngé némmé vorschdéllá;i gáng hald émmer von mir áus; nò hòd mer sich á Äggerlé pachdád
F.: musch de ja nòch'ám Wedder richdá; schdéll der des vor; dò drähd sich ja dr Scheml au; där machd sich erschd zahld
S.: da déngg i mir dánn schónn; könnd i mir net vorschéllá
H.: mir hen uns immer alle gschdräubt
E.: ich frag mi echd
K.: Du musch dir mal vorschdellá

3.2.4.3 Die Demonstrativpronomina

Demonstrativpronomina existieren für die 3. Person Singular und Plural. Die Hochsprache kennt hier vier Kategorien:

(1) <u>hdt. der, die, das</u>

- Nominativ: der, die, des; die (diá)
  B.: der hòd nommòl welche... vom Lager... naedo wellá
  F.: mo jedz ... die Klärálag ischd, des wòesch, wo die ischd
  B.: so üppich ässá, so wie heid, des isch gar ned so gsond
  C.: 's gibd welché, die sin nó schlechder wie ich
- Dativ: dem, der/derrá, dem; dénné
  H.: ...ond der des dánn mit dem klärd hòd
  E.: Fránzösisch isch doch'ne Kadaschdrophé bei dem, odder?
  B.: von dem hen mir gläbd (davon haben wir gelebt)
  Dénné wird i's zaegá!
- Akkusativ: den, die, des; die/diá
  S.: á halbé Schdund hat se den dò...

K.: nehmen wir'ne Coladosé, schneid'n die auf
C.: ißd des jemánd, biddé; die will des alles áussäg'n
F.: die hòd mer em Sommers äwwl radoá kenná

(2) hdt. dieser, diese, dieses; jener, jene, jenes

Die Mundart kennt diese Pronomina nicht. Sie werden durch die Pronomina der vorhergehenden Gruppe ersetzt und ebenso gebildet: F.: '...on muásch dò diá Keddá áuf diá Zwillingsròefá náufdeichslá dò'; 'Hol ámòl gschwend des Bildlé dòhánná'; B.: 'Vor'är hòd mer ja die Ring ghed'; 'Nò hòd's ja den Beischdellhärd ghed'. Für die 'jene'-Gruppe gibt es das Schwäbische 'säll': *jener - säller, dr'säll; jene - sällá, dé säll; jenes - sälls, sällás*

(3) derjenige, diejenige, dasjenige; derselbe, dieselbe, dasselbe

Auch diese Pronomina treten im Schwäbischen so gut wie nie auf. Bei den Pronomina der Gruppe -jenige(n), die vorkommen können, wird in einzelnen Fällen die Endung gemäß der Lautregeln in -á umgewandelt (*dénjenigá)*. 'Derselbe' müsste man mit 'dá gleiché' übersetzen.

(4) solcher, solche, solches

In den Aufnahmen wurden diese Demonstrativpronomina nicht gebraucht. Sie müssten heißen: *solcher - sódder, solche - sódde, solches - sóddichs*: F.: 'mid sóddé Viecher dò...'

Bei den jüngeren Informantinnen finden wir als Ersatz die verkürzte Form 'so', wie sie auch in der Umgangssprache gebräuchlich ist:

K.: wir ham dann doch so'n Holzbflóck ghabd; einmal endwirfsch so bilige...
C.: Die aené... macht so á Männlé, zwae so Männlá...

3.2.4.4 Die Possessivpronomina

Bei den besitzanzeigenden Fürwortern *mein, dein, sein* usw. verhält sich der Dialekt ähnlich wie die Hochsprache. Es erscheint deshalb nicht sinnvoll, die doch sehr große Zahl verschiedener Possessivpronomina, die überdies in den Aufnahmen kaum verwendet wurden, in den drei schwäbischen Fällen hier allesamt aufzuzählen. Es sollen lediglich die Regeln der Verkürzung sowie die Abweichungen von der Hochsprache skizziert werden.

Der Dialekt kennt im Nominativ, anders als die Hochsprache, jeweils nur eine Form für Singular und Plural, differenziert also nicht nach dem Genus des Objektes:

Si. hdt. *mein, meine* → schwäb. *mae*; *dein, deine* → *dae; euer, eure* → *eier/uier*
F.: 'On nò... ischd mae Vorgenger gschdorbá'
Pl. hdt. *unsere* → schwäb. *ons(e)re/oosre; eure* → *eire/uire*

Aus den Nominativ-Stammformen können die Lautveränderungen und Verkürzungen für alle anderen Fälle abgeleitet und somit die Regeln der Deklination der Possessivpronomina vom Hochdeutschen ins Schwäbische übertragen werden:

- Die Formen für Objekte im Plural lauten für alle 3 Fälle gleich: *maene, daene, saene, ihre; ons(e)re/oosre, eire/uire, ihre*
- Die Singular-Stammformen heißen *mae, dae, sae (mask. u. neutr.), ihr*. Die hdt. Dativformen (Si. 1 hdt. *meinem, meiner, meinem*) werden verkürzt, indem die Auslaute -nem zu -m und -ner zu rá verkürzt und an die jeweilige Stammform angehängt werden: *maem, maerá, maem.*
  Im Akkusativ wird bei maskulinem Objekt ebenso Verfahren: die Endung -nen (bzw. -en) wird zu schwäb. -n, an die Stammform angehängt ergibt sich *maen, daen, saen, ihrn* für *meinen, deinen*:
  K.: '...dann nehm ich'n áuf maen Schoß.';
  H.: '...dass mer saen Námé mit Ü schreibt';
  F.: 'guggsch ámòl daen Onggl á'.
- Bei den Formen für feminines und neutrales Objekt fallen im Dialekt alle Endungen weg; sie bestehen aus der jeweiligen Stammform:
  C.: 'Mae éwigés Laschder...';
  S.: 'Jeder hat sae Schdemblkardé';
  B.: 'du hosch au dae Sach schaffá miáßá'; 'mae Schlòfzimmer hán i nò kaufá kenná'.

Wir haben es hier also mit einer im Vergleich zur Hochsprache weniger komplizierten Deklination zu tun.

- Bei den Plural-Stammformen *onser, eier/uier, ihr* wird ähnlich verfahren. Die 3. Person Plural stimmt komplett mit der weiblichen 3. Person Singular überein. Die hdt. Dativ-Endungen *-er, -em, -re* werden zu *-er/-erá, -m, -re*, wobei bei den ersten beiden Personen das e der Stammform herausfallen kann: (*onsrer, onserm, onsre; eirer, eierm, eire*); B.: '...hosch kochd, en onserá gloená Kiché'. Im Akkusativ heißen die Formen *onsern, onser (fem. und neutr.), onsre; eiern, eier (fem. u. neutr.), eire*.C.: '...wóllád die ihrn Ranzá echd ned absetzá'; S.: 'fír ihre großé... Taschdá'.
- Der Genitiv wird wiederum hauptsächlich durch *von* in Verbindung mit der entsprechenden Form des Dativs gebildet: *Des isch dá Gardá vom Nòchbòr.* Man kennt aber ebenso die Form: F.: 'Des send maem Großvaddr saené Ochsá'; hier wird ebenso der Dativ gebraucht, das Subjekt im Nominativ jedoch auch mit einem Possessivpronomen versehen.

3.2.4.5 Die Interrogativpronomina

Während einer Sprachaufnahme wird von den Informanten naturgemäß mehr erzählt als gefragt, deshalb finden sich hier so gut wie keine Fragepronomina. Das Schwäbische ersetzt die meisten hochdeutschen Interrogativpronomina durch das Standard-Pronomen *was* in Verbindung mit einer Präposition. Nur die einfachen Formen *wer, wie, was, wem, wen* bleiben unverändert:

H.: On was bisch du nò?; On wie láng machsch des jedzd schó?; wer war'n dò;
S.: Und was habd ihr dánn fír Berufsschbord?;
E.: warte, wo bisch du, Kerschdin;
F.: was isch jedz los?;
K.: Ich waeß, wo du bisch

Für die weniger gängigen Fragewörter gibt es kaum Belege in den Aufnahmen. Einige von ihnen seien hier mit ihren schwäbischen Entsprechungen aufgelistet:

woher - wo ... här (F.: Wo soll i des härwissá?); *wohin - wo ná; womit - mit was; wozu - zu was; welcher/welche/welches - dá/dé/wéll, wéllás* oder auch *was fír óe-ner/óená/óes*; entsprechende Formen in Dativ und Akkusativ. Bei den Genitivformen wird hier die Form Dativ + Possessivpronomen verwendet: *wessen - wem sae, saené, saen, saem.*

3.2.4.6 Die Relativpronomina

Die hochdeutsche Vielfalt an Relativpronomina wie *der, die, das; welcher, welche, welches; wer, was* werden im Schwäbischen und auch in der süddeutschen Umgangssprache meist durch *wo (mo, mòá)* oder *was* ersetzt: S.: 'mit 'ner richdigen Kámera, wo du alles aenstellen musch'; B.: 'en Härd ghed, wo mer Feuer gmach dòd'; 'en schená Beischdellhärd ghed, wo obá...'; F.: 'des Bildlé dòhánná, wo dòhánná schdeggd'; 'die aldé Schdréggá, wo dé gfahrá gisch'; 'dò hod`s emmer gewissé Zeidá ghed, wo durch des Stedtlé némmé hòsch ... durchfahrá därfá'; 'Des isch diá Schdròß, mòá nóm gòhd, dòhánná'; 'Des dò, des, was weggrissá ischd'; des Hólz, was dò druffligd

Relativsätze sind jedoch ohnehin von Dialektsprechern ungeliebte Konstruktionen und werden in der gesprochenen Sprache meist umgangen; so findet man auch in den Aufnahmen nur wenige. Jüngere Sprecher verwenden bevorzugt hochdeutsche Formen, z. B.: H.: 'Mir fünf Mädlá, die da war'n...'

3.2.4.7 Die Indefinitpronomina

Zu ihnen gehören Wörter wie *jemand, niemand, jedermann, einer, einige, etliche, keiner, kein*, die in der Hochsprache flektierbar sind, und *nichts, etwas, man*, die unverändert bleiben.[115]

- mer (*man*) ist wohl das häufigste Indefinitpronomen im Dialekt. Es wird häufig anstatt der 1. Person Plural verwendet. B.: Dòmòls hòd mer ... Windlá

[115] RÖTZER, a. a. O., S. 71.

ghed; E.: 'S raechd dóch, we'mer sich ánstrengt ond we'mer sich bemühd; F.: on wánn mer gmähd hòd; em Juni hòd mer áfángá zom Haeá

- *etwas* wird entweder verkürzt zu 'was' oder heißt 'äbbés'/'äbbás'. B.: Dò hòd mer nie was kaufd; F.: Dò muschd äbbés dénggá beim Fahrá. Das Wort *nichts* als Gegensatz wurde im alten Schwäbische verschiedentlich übersetzt: Karl HAAG kennt allein im wirtenbergischen Raum die Varianten "*nui'ts, nunts, nint, nei'ts, niats, nünt*", während "das eintönige *neks*" aus dem Fränkischen (...) im nördlichen Hauptteil" und somit auch in Urbach (hier eher *nix*) gebräuchlich ist.[116] B.: dò hòd mer au kóe Schleuder, nix ghed,...
- *jemand* wird auch im Dialekt oft beibehalten oder aber zum alten 'äbber'; *niemand* wird meist zu 'näámerd'. Beide Pronomen werden im Schwäbischen nicht flektiert.[117]
- *jedermann* müsste mit 'á jeder' übersetzt und entsprechend flektiert werden.
- Die restlichen Indefinitpronomen können leicht mittels der Lautregeln hergeleitet werden.

3.2.5 Die Adjektive

Die meisten Adjektive können mithilfe der Lautregeln ins Schwäbische 'übersetzt' werden, weswegen sie hier nicht extra behandelt werden. Im Vergleich zur Hochsprache ist "das Adjektivsuffix -ig (...) im Dialekt häufiger", da es hier auch "bei Wörtern ohne Suffix in der Hochsprache" gebraucht werden kann[118] (z. B.: *spitz - spitzig, hölzern - holzig, glitzernd - glitzrig*).

3.2.6 Die Adverbien

3.2.6.1 Adverbien der Zeit (temporal)

Die häufigsten Zeitadverbien in den Aufnahmen sind:

---

[116] HAAG, K.: Die Grenzen des Schwäbischen in Württemberg. Stuttgart 1946, S. 12.
[117] vgl. AMMON, U.; LOEWER, U.: Schwäbisch. Düsseldorf 1977, S. 84.
[118] a. a. O., S. 80.

- jetzt → jédzd, jédz, jédzá, jédzád.
  B.: Sag i des jédz au richdich
  F.: Ha, isch gud Weddr, jédz ká'mer mäá; ja jedzá was
- immer → émmer, äwwl
  F.: wi'gòhd's'n dò émm'r; Juni hod mer émmer ágfángá zom mäá; die hod mer em Sommers äwwl radoá kénná; der laufd ja émmer weg
- früher → frier
  B.: also frier, dò hen hald die Midderá
  F.: frier hoschd hald des Déng áufgmachd
- heute → haed, heid
  B.: so viel Zeid hen mir ne' ghed wie heid die Frauá
  F.: nóe des kááschd haed älles gar némmé; aber ob sé des heid noh machád
- damals → dòmòls
  B.: Dòmòls hod mer... Windlá ghed
  F.: semmer dò dòmòls nòch Karlsruáh
- dann → dánn, nò (entspr. hdt. *nun*)
  B.: Nò hemmer erschd bei Sch.s dò gwohnd; dò war mer nò gánz gligglich
  F.: Nò kómmd dò noh Lánghólz dázu
  S.: On nò hod se au gsaggd,...
  C.: on dánn kómmd von inná ... á Teelichd nae, on nò baßd des Ae nae.
  K.: nò hab ich saen Ranz'n gnomm'n
- da → dò
  B.: dò hod mer au kóe Schleuder ghed; on dò warád die Pfärdé undá
  F.: On dò isch der gschdorbá
  H.: Dò kám aener án dá Schalder

Die Adverbien *dò* (sowohl in lokaler als auch temporaler Verwendung) und *nò* werden von den älteren Infomanten extensiv gebraucht, während sie bei den Jüngeren selten auftauchen.

3.2.6.2 Adverbien des Ortes (lokal)

Häufigstes Ortsadverb ist *dò*:

B.: dò hemmer en Késsel stándá ghed; dò war á Rohr nae; dò isch ja des Kámin
F.: hod mer dò gmähd, óe Wies ámòl; Dò schdándád aber, dò schdòánd abr drei, drei Wägá héndánánder, schdándád dò.; Dò hod dá Schulldes dren gwohnd
C.: dò kánnsch irgendwie so á Ae ... dráufschdéllá; bisch du dò noh dráuf?
S.: on dò muss i sag'n, dà gehd die Zeid ned vórbei
H.: Dò kám immer aene raen; ...ond dò dréngsessá isch

Adverbien wie *oben, dort, hinten, vorne* unterliegen den üblichen lautlichen Veränderungen. Andere lokale Adverbien werden vor allem in zusammengesetzten Verben verwendet und fast ausnahmslos verkürzt oder durch vielfältige, altertümlich klingende Formen ersetzt:[119]

- unten → óndá, hóndá
  F.: dò war dò hóndá Hochwasser; kómmsch óndá ráus en Kenigsbronn
- drin(nen)→ hénná, dénná
  F.: hóggsch dò hénná; dò bisch dò dénná ghóggd
- hinüber → nieber, nóm
  B.: On nò semmer zu Sch.s nieberzogá
  F.: diá Schdròß, mòá nóm gòhd
- hinauf → nuff, náuf; darauf → druff
  F.: semmer hald nòch Ebnad náufgfahrá, dò grad Haebach náuf; náufdeichslá; náufmachá; des Hólz, was dò druffligd
- heraus → ráus
  F.: kómmsch óndá ráus en Kenigsbronn
- drüben → diebá, driébá, dómmá, drómmá
  F.: Briggle iber dá Rems diebá, hemmer au; dò héndá dómmá isch d'Schuál; dò driébá, dò mò dá Kiálschrángg áufhérd... oder noh á Schdigglé wieder dómmá

[119] Vgl. EGELHOF, F.: Ortsgrammatik. (Zula 4845), S. 63.

- hier → dò (s. o.); dòhánná

  F.: Hol'ámòl gschwend des Bildle dòhánná, wo dòhánná schdéggd; Des isch diá Schdròß, mòá nóm gòhd, dòhánná. On dòhánná war á Riáságardá,...

3.2.6.3 Adverbien des Grundes (kausal) und der Art (modal)

Modale und kausale Adverbien möchte ich nicht weiter behandeln, da man sie wiederum leicht aus der Hochsprache ableiten kann.

Zu den Adverbien kann man auch die Verneinung 'nicht' zählen, die in den Aufnahmen verschieden lauten kann: die Auflistung erfolgt mit sinkender Betonung von links nach rechts: néddá/éddá - néd/éd - é. Die Formen 'éddá' und 'éd' sind in Urbach seltener, während sie nur 10 km weiter südlich, im Kreis Göppingen, fast ausschließlich vorherrschen und eine Art Übergang zu den Formen 'id', 'iddá' bilden, die auf und jenseits der Alb vorherrschen. 'Nicht mehr' heißt im Schwäbischen 'némmé' oder zumindest 'nimmer'.

3.2.7 Konjunktionen und Präpositionen

Im Bereich dieser Funktionswörter gibt es keine großen Unterschiede zur Einheitssprache.. Einige hochdeutsche Wörter wie *obgleich, damit, nachdem, infolge, trotz* kommen im Dialekt extrem selten oder gar nicht vor, ihre Funktion werden durch Wörter wie *obwohl, dass, wegen* abgedeckt bzw. es wird eine andere grammatikalische Konstruktion verwendet. Als wichtigste Abweichungen von der Norm seien erwähnt:

- Die Unterdrückung des Wortes *zu*: *dann fing er an mit Heulen, willst du mir das helfen machen, sie kam zum die Milch holen.*
- Verwechslung der Konjunktionen *weil* und *denn*: *weil das kann ich nicht*[120].
- Ersetzung der Konjunktion *damit* durch *dass*: *ess noh, dass was wirsch!*

---

120 Beispiele wörtlich übernommen aus: AMMON, U.; LOEWER, U.: Schwäbisch. Düsseldorf 1977, S. 96.

- Ersetzen der Konjunktionen *wie* und *als* durch *wo*:
  B.: I war ja elf Jòhr, wo i nòch Urbach kómmá bin.
  E.: Waesch noh, wo'mer Pizza Essen war'n...
- Ersetzen der zeitlichen oder konditionalen Konjunktion *wenn* durch *wann*:
  H.: Ja, abber, wánn die zu dir unverschämt sin...
  F.: On zwòàr hen dié dò, wánn zom Beischbiel dò hóckd er...

3.2.8 Interjektionen

Zu ihnen gehören die Satzwörter *ja* (in Urbach: *ja* oder *jò,* auch *mhm, áhá*) und *nein* (in Urbach: *nóe, nee, á-áá, m-mm*) sowie Ausrufewörter wie *ha nó, hóbbla, awa ('nie und nimmer'), wa, ha* u. a.

3.2.9 Schlusswort zur morphologischen Analyse

Die Grammatik des schwäbischen Dialekts deckt sich weitgehend mit jener der Hochsprache. Der Dialekt vereinfacht teilweise stark und lässt einzelne Elemente wie das Präteritum, das Futur II und den Genitiv außen vor. Man hüte sich dennoch davor, den Dialekt als fehlerhafte, minderwertige Abart der Standardsprache abzuqualifizieren. Auch die Mundart als gesprochene Sprache unterliegt festen Regeln (auch hier gilt: keine Regel ohne Ausnahmen), an die sich alle Dialektsprecher halten. Der große Unterschied zur Schriftsprache besteht darin, dass diese Regeln nicht formuliert sind und nicht in der Schule gelehrt werden. Vergleicht man die dialektfreie hochdeutsche Umgangssprache mit der einheitlichen, genormten Schriftsprache, so wird die Umgangssprache ähnliche sprachliche Defizite aufweisen wie der Dialekt im Vergleich zum hochdeutschen Standard.

3.3 Zum semantischen und pragmatischen System

3.3.1 Besonderer Wortschatz

Das traditionelle Schwäbisch kennt eine unüberschaubare Zahl von Wörtern, die in die Hochsprache keinen Einzug gefunden haben, zumeist Substantive, Verben und Adjektive aus dem "Bereich der alltäglichen Lebenswelt"[121], d. h. zum Beispiel für Gebrauchsgegenstände. Begriffe der Landwirtschaft, Krankheiten und Nahrungsmittel. Es gibt einige Wörterbücher extra für die schwäbische Mundart, in denen auch die besonderen Lexeme aus den dieser Arbeit zugrunde liegenden Tonbandaufnahmen erwähnt sein dürften, die nachfolgend aufgelistet und 'übersetzt' werden. Darunter sind auch Wörter, die im gesamten süddeutschen Raum gebräuchlich und in die Umgangssprache eingeflossen sind. Verben stehen im Infinitiv.

3.3.1.1 Schwäbische Lexeme in den Aufnahmen

B.: Kámin (Schornstein), Zwedschgá (Zwetschen), älls (manchmal, ab und zu), Riábá (Karotten, Mohrrüben)
F.: Lachá fierá (Jauche auf den Feldern verteilen), haeá (Gras ernten), omghaerá (wenden, umdrehen), Rechá (Harke), schechlá (d. gemähte Gras zusammentun), gschwend (mal eben, kurz mal), guggá (schauen), Schulldes (Bürgermeister), Schulzáháus (Haus des Bürgermeisters), äwwl (immer), lángá (reichen, genügen), Viecher (Tiere), Lángkudsch (langer LKW), mordsmäßich (sehr), ond sell (hier: und so weiter), schdraggá (liegen), Karren (Wagen, hier: LKW), drondernae (ab und zu)
H.: sáuá (rennen)
C.: Hoggedsé ('dò hóggád sé'; 'da sitzen sie': typisch schwäbisches Straßenfest mit Bewirtung an *Schrannen*, d. h. den obligatorischen orangefarbenen Biertischen)
K.: dráufbäbbá (darauf pappen/kleben), Ránzen (Schulmappe)

3.3.1.2 Wörter und Ausdrücke mit anderer Bedeutung

F.: Gschäfd (Arbeit), ám ándrá Daag (am nächsten Tag), Glomb (Gelumpe, hier: unangenehme Tätigkeit)
E.: Schdebbsl (Stöpsel, hier: Steppke)
S.: schaffá (arbeiten), gánz arg (sehr)

---

[121] AMMON, U.; LOEWER, U.: Schwäbisch. Düsseldorf 1977, S. 86.

3.3.2 Das pragmatische System

Wortwahl und Satzbau von Gesprächspartnern im Rahmen einer Tonbandaufzeichnung gesprochener Sprache müssen stets als abhängig vom Gesamtkontext des Gesagten interpretiert werden. Die wenigsten nachstehend dargestellten Auffälligkeiten sind Besonderheiten des schwäbischen Dialektes, vielmehr handelt es sich meist um Besonderheiten der gesprochenen Sprache im allgemeinen und der Mundart im besonderen.

Analysiert man das Sprachverhalten mehrerer Informanten, so wird man feststellen, dass es einerseits Gemeinsamkeiten, andererseits aber auch individuelle Spezialitäten in Wortwahl und Satzbau gibt.

3.3.2.1 Gemeinsamkeiten in Wortwahl und Satzbau

- Hinweise auf Subjektivität der Darstellung, auf eigene Beziehung zur Sache. Häufig werden die Formen 'i móen', 'i wòeß', 'i déngg' gebraucht.
  B.: 'mir selber, des wòeß i', 'i hab des richdich erläbd', 'ond i kánn me au noh endsinná', 'kánn i mir, also des wòeß i noh', 'i gáng hald émmer von mir áus'
  F.: 'isch grad rechd gwää bis ámá, bis, muss i sagá...', 'I móen, die alde Schdreggá, wo dé gfahrá bisch'
  S.: 'könnd i mir net vorschdéllá, muss i ährlich sagá', 'hòt mir 'ne Békánndé áus dr Raenigung au erzähld...', 'Ja gut, i find des net schlecht'
  H.: 'Des wòeß i heut noh, was da war', 'I wòeß gar ned...'
- Das Gesagte wird in Beziehung zum Gegenüber oder zu Dritten gesetzt.
  B.: 'des könned ihr euch gar némmé vorschdéllá', 'kánnsch du dir net vorschdéllá?', ' des kénnad sich heid dié Jongé... einfach némmé vorschdéllá'
  F.: 'Jedz schdéll der des vor dò', 'des kánnsch der du gar ned vorschdéllá'
  S.: 'Un des musch der mòl gäbbá, wòesch'
  K.: 'Du musch dir mal vorschdéllá...'
  C.: 'Schdélld euch vor...'
- Adverbien oder andere Wörter wie 'ja', 'halt', 'so' und das typisch schwäbische 'fae' als Füllwörter oder zur Kommentierung
  B.: 'mir hend also wirklich', 'Firma A. war hald á große... Firma', 'frier, dò

hen hald die Middderá... einfach áus aldé Sachá was gnähd', 'I war ja elf Jòhr, wo...', 'mir waräd irgendwie glüggliche Kender', 'also mir hen dò émmer...'
F.: 'musch de ja noch'ám Wedder richdá', 'dò sémmer hald nòch Ebnad nüaufgfahrá', 'Dò hòsch scho mánché Kilomeder wäggmachd, du', '... siehschd hald'
H.: 'Wòesch, ned irgendwie nòch Báuernhof oder so, sondern so richdich gschdónggá nòch net wäschá halt.'
S.: 'Ond deshalb bin i aegendlich gánz zfriedá', 'also du kánnsch ae'ndlich nix sag'n.'
C.: 'Den Zeddl hot mer fae schó lenggschd abgäbbá müssá', 'áus was dé willsch hald'
E.: 'Ich bin dá Dáuerlauf sch´gar ned glaufá'; 'ich frag mi echd,...'
K.: 'in die Middé...hammer némmlich'n Loch raen gmachd', 'Dò ghörd echd Bégabung dázu'

- Nachträgliche Ergänzung zum Gesagten
  B.: 'On dò war jò á Rohr nae, ens Kámin, dò isch ja des Kámin', 'on dò hosch dae Sach dróggnd, em Winder', 'i hab des émmer dòhánná aezahld, áuf dá Poschd'
  F.: '...wie mer dò frier ghaeád hòd. Mid dé Kiá!', 'Des war's Birgermaeschderháus, dò gegenieber. Des dò, des, was weggrissá ischd.'
  S.: 'des hot mir 'ne Békánndé áus dr Raenigung au erzähld, die schaffd dort...'
  C.: 'Ißd des jemand biddé, ds ledschdé.', 'Die sin echt so cool gwes'n, unsre Ámis.'
  K.: 'die déngg'n, ihr Ránzen bráuchd 'n Bladz - fír sich.'

- Ergänzender Einschub inmitten eines Satzes, der danach vollendet wird
  B.: 'Dò hán i glaub jeedn Monad - sag i des jedz au richdich - hunderd Mark aezahld'
  F.: 'Nò hosch hald - on wánn mer gmähd hod, nò - vrschdraeá missá wiedr, ned.'
  S.: 'on theoréddisch könndesch du, was wòeß ich, middags erschd ánfángá.'
  H.: 'Und unser Compuder - Müller hat der ghaeßá - unser C. druggd hald...'

- Sätze werden komplett abgebrochen, umformuliert, nicht beendet; ein neuer Gedanke drängt sich auf und will sofort fomuliert werden.

B.: ‘On nò hen mir - fir damalige Verhäldnisse war des unhaemlich viel.’, ‘Nóe, on des - on dahär hen mir des gschaffd.’
F.: ‘Káásch der des vorschdéllá, wánn dò - ond ja, jedz isch des ja erschd ámòl...on nò’
S.: ‘Ne, also die - in verschiedené Städte oder so’, ‘Du kánnsch - wir ham’ kaené...’, ‘ond dánn gibd’s - ja, ond dánn schaff’mer so...’, ‘des war á gánz arg - des komische war hald,...’
H.: ‘Ja, mir hen, mir warád - also mir fünf Mädlá, gä...’
K.: ‘Aber so viele - aber mir sin unfindbar.’

- Unvollständige Sätze, in denen ein obligatorisches Satzglied fehlt
  B.: ‘Und Kartoffel, und... also die Grundnahrungsmiddel äbá.’
  F.: ‘Faef zendámeder oder sechs zendámeder bròed.’, ‘Morgns om vierá, morgns áufgschdándá, óddr om halb vierá schó. Vor’ám Gschäfd, on nò om séchsé ens Gschäfd gángá.’
  H.: ‘Wòesch, ned irgendwie nòch Báuernhof oder so, sondern so richdich gschdónggá nòch net wäschá halt.’
  C.: ‘Mir dürf’n net rauchá un kaen Algohol.’
- Wiederholungen von Phrasen oder Inhalten zur Betonung oder Überbrückung
  B.: ‘war hald á großé, á großé Firma’, ‘on dò hosch hald, hosch Wasser áus’m Hahná dróngá.’, ‘Des war des Gudé. Des war ja fir uns... des Gudé, gell.’, ‘dò sémmer ned nae, mir sen ned nae, mir hen...’
  F.: ‘ond dò héndá dómmá isch d’Schuál. Desch d’Schuál dò dommá.’, ‘dò hòd d’Schnáuzé ágfángá. Dò hòd d’Schnáuzé ágfángá!’; ‘Dò schdándád aber, dò schdòánd abr drei, drei Wägá hedánánder, schdándád dò.’ (hier wurden für ‘stehen’ zwei verschieden starke dialektale Formen gebraucht)
- Fast alle Gesprächspartner gebrauchen häufig Wörter wie ‘wòesch’, ‘on nò’/’on dánn’, ‘ond der/die/des’, um einen Satz zu beginnen, und ‘gä/gell’, ‘wòesch’ am Satzende. Stehen Adverbien wie z. B. ‘on nò’, ’on dánn’, ‘dò’ am Satzanfang, so muss die gewohnte Satzstruktur (Subjekt - Prädikat - Objekt) entsprechend verändert werden: Das Prädikat rückt vor das Subjekt, für das wiederum in aller Regel ein Demonstrativpronomen steht, wenn von dem Subjekt bereits vorher die Rede war. Da in der gesprochenen Sprache solche Zeitadverbien und Konjunktionen sehr häufig sind, findet sich diese Inversion

etwa so häufig wie die normale Satzstruktur.

B.: 'do hémmer en Késsel stándá ghed', 'heid hod mer ja gánz ándré - dò isch ja ällés viel leichder, wòesch.', 'Aber i muss immer wieder dázu sagá,...'

F.: 'Nò hod mer mää miáßá, ned', 'Dò hod dá Schulldes dren gwohnd', 'Nò hod mer's vrschdraed...', 'jédz isch des ja erschd ámòl...', 'Jédz hén dié dò á Theader gmachd'

H.: 'On nò kriegsch hald mehr?', 'Dò kám aener án dá Schalder', 'Nò hab i gsaggd'

S.: 'ond dánn schaff mer so...', 'dò kám immer aene', 'On nò hod se au gsaggd,...'

K.: 'Dò ghörd echd Bégabung dázu', 'irgendwie bisch zwòemòl ám Arsch', 'Und dánn ham'wer noh', 'on nò ham'wer', 'dò hammer áus Ton so'n Stern áusgschnidd'n...'

C.: 'dò kánnsch irgendwie so á Ae...', 'on nò baßd des Ae nae', 'Un dánn wóllád die..'

E.: 'Aber dò sén die ándré au besser, ódder?'

3.3.2.2 Individuelle Besonderheiten in Wortwahl und Satzbau

Brigitte W. spricht die durchschnittliche Ortsmundart der älteren und mittleren Generation von Urbach. Ihre Sprache während der Aufnahme zeigt wenig Sprünge von einer dialektalen Stufe in eine höhere oder niedrigere (Code-switching), sondern bleibt weitgehend auf einem Dialektstufe; das dürfte daran liegen, dass die Thematik des Gesprochenen sich im Laufe der Aufnahme nicht wesentlich ändert. Man findet kaum zusammenhängende hochsprachliche Phrasen, wohl aber einzelne Ausdrücke, die im Dialekt eigentlich anders lauten bzw. verkürzt werden müssten: Schbilmaschiné, Waschmaschiné (schwäb.: *-maschee*), Waschküché (*Wäschkich*), Wohnzimmer (*Schduub*), Haferflockensuppé, Feuerschdéllé usw. Brigitte W. benutzt sehr oft das Adverb 'dò' am Wortanfang. Für die häufig auftretenden Verallgemeinerungen dienen entweder die zweite Person Singular oder das Indefinit-pronomen 'mer' (man): 'du hosch au dae Sach schaffá miáßá', 'heid hod mer ja ganz ándré', 'dò hosch dae Sach dróggnd', 'dò hod mer au kóe Schleuder, nix ghed', 'iberall warsch ja du läschdig' u. v. m.

In ähnlicher Häufigkeit treten solche Verallgemeinerungen auch bei Friedrich W. auf: ‘Dò hosch Lachá gfierd’, ‘Nò hosch dò, hod mer dò gmähd’, ‘dò hod mer so Ròelá zogá dò’, ‘dò schdraggschd onderm Karrá dóndá’ usw. Es erscheint nicht nachvollziehbar, nach welchen Kriterien die eine oder die andere Form der Verallgemeinerung gewählt wird. Friedrich W. gebraucht das Adverb ‘dò’ am extensivsten von allen Informanten, oft mehrmals innerhalb eines Satzes: ‘dò hod mer so Ròelá zogá dò’, ‘Nò hosch dò, hod mer dò gmähd’, ‘Dò schdándád aber, dò schdòánd abr drei, drei Wägá héndánánder, schdándád dò’, ‘On dò bisch dò dénná ghóggd dò, on dò so Pédalé, wòesch, so schmalé Pédalé dò, so glaené dò...’ - an den letzten beiden Beispielen zeigt sich eine weitere Eigenheit: die Wiederholung einzelner Phrasen.tritt bei diesem Informanten am häufigsten auf. Auch nicht vollendete Sätze sind häufig, was für die Lebendigkeit der Schilderungen spricht. Friedrich W. benutzt einige Metaphern und Redensarten: ‘en dá Middé hoch, wie á Sargdeggl’, ‘des isch noch’er kóe Òáder’, ‘wiávil Abflbaem hémmer dò schó abrasierd’, ‘die Bfóschdá wegrasierd’, ‘kómmád se vorgschóssá, sssssip’, ‘hen die dò á Theader gmachd’, ‘isch émmer bißlé á Kriteriom’. An Ortsbezeichnungen werden in der Regel Ortsadverbien, die meist Aussage über Richtung oder Höhenlage des Ortes geben, angehängt: vo Backnáng dómmá, nòch Ebnad náufgfahrá, dò grad Haebach náuf, nòch Bardlomae gòhd’s héndá nóm, ens Wenndaal naa, nòch Schdaenhaem nóm, kómmsch ondá ráus en Kenigsbronn usw. Bei Schilderungen mit technischer Thematik fällt oft die schwäbische Silbenverkürzung bei Substantiven weg: Achsé, Géschdéll, Schdángé, Zugmaschiné, Scheibé; auch Fremdwörter sind keine Seltenheit: Experimend, Radius, Dschób, Baddend, Balangzé. Friedrich W. bricht ebenfalls gern Sätze ab, um neue Formulierungen zu finden, auch seine Schilderungen sind lebhaft, was durch die Verwendung von Interjektionen unterstützt wird. Füllwörter wie ‘gell’ und ‘wòesch’ sind sehr häufig.

Die Sprache der jüngeren Informantinnen zeigt andere Schwerpunkte. Zunächst ist sie in einer niedereren Dialektstufe angesiedelt. Code-switching in die Hochsprache ist häufig, bei Fachbegriffen und wenig gebräuchlichen Ausdrücken wird im Zweifelsfall in der Regel die hochsprachliche Variante gewählt. Aber auch bei alltägliche Wörtern ist eine Tendenz zur Hochsprache hin erkennbar. Auf welchen Ebenen das Schwäbische sich dennoch hartnäckig hält, ist in der phonologischen und morphologischen Analyse bereits deutlich gemacht worden. Im Folgenden sollen nur wenige

Besonderheiten im Sprachgebrauch der einzelnen Gesprächspartnerinnen aus der jüngeren Generation dargestellt werden.

Heike M. spricht das Durchschnittsschwäbisch eines Urbacher Einwohners Anfang/Mitte Zwanzig. Formen der Jugendsprache wie ‘cool’, die Füllwörter ‘so’, ‘hald’, ‘echd’, ‘voll’ treten vereinzelt auf. Die Informantin benutzt in einem Abschnitt verschiedene Formen des Präteritums (kám, wólld, abging, ging, mussd) und nähert sich hier an die Hochsprache an. Code-switching findet ansonsten selten statt; das Dialektniveau bleibt über das gesamte Gespräch weitgehend erhalten.

Sylvia K. arbeitet in einer Bank in Stuttgart und hat ihren Dialekt seitdem entsprechend ‘entschärft’, da sie nach eigenem Bekunden dort anfangs von Kunden nicht verstanden wurde. Trotzdem ist sie anhand jedes einzelnen Satzes zumindest in der Lautung jederzeit als Schwäbin identifizierbar, auch wenn sich ihre Sprache manchmal stark ans Hochdeutsche annähert, vor allem in den Verben: ‘Wird sich zaeg’n’, ‘jeder hat sae...’, ‘bin au gánz froh’, ‘die maeschd’n sind freundlich’. Auffallend häufig gebraucht die Informantin Füllwörter wie ‘irgendwie’ und ‘eigentlich’ (oft verkürzt zu ‘ae’ndlich’). Bei längeren Gesprächseinheiten werden Sätze durch ‘on nò’, ‘on dánn’ oder ähnliche Wörter verbunden, manchmal auch abgeschnitten.

Bei den drei jüngsten Gesprächspartnerinnen, allesamt Schülerinnen eines Gymnasiums, tritt der Dialekt noch ein Stück weiter in den Hintergrund. Immer wieder wird vereinzelt in die Hochsprache ausgewichen. Anglizismen und Elemente der Jugendsprache (‘echt’, ‘bisch ám Arsch’, ‘voll raen’, ‘cool’), wie sie Jugendlichen gerne zugeschrieben werden, treten seltener auf als erwartet. Von den drei Mädchen spricht Kerstin W. den am wenigsten ausgeprägten Dialekt. Selbst im Bereich der für die meisten Schwaben nicht zu schaffenden Differenzierung zwischen offenen und geschlossenen Diphthongen und Selbstlauten nähert sie sich teilweise der Hochsprache an: ‘die...säg’n und failen und schnaid’n’, ‘hab ich dann ei’m erglärd, dass ich’n Bladz brauch un’net saen Ranz’n’.

4. Dialekt in der Schule

4.1 Dialekt und Hochsprache im Unterricht allgemein

Trotz der mittlerweile umfangreichen Literatur ist das Thema 'Dialekt in der Schule' bis heute ein weitgehend unbeachtetes Problemfeld geblieben. "Sprachliche Förderung vollzieht sich in allen Fächern der Grundschule. Unterrichtssprache ist die Hochsprache", heißt es kurz und lapidar im baden-württembergischen Bildungsplan für die Grundschule[122]. Diese Formulierung klingt zunächst strikt, lässt dem Lehrer aber einen großen Interpretationsspielraum, wird der Begriff 'Hochsprache' doch von verschiedenen Wissenschaftlern recht unterschiedlich definiert. Es ist von den mehrheitlich mundartlich sozialisierten Lehrkörpern in unserem Bundesland kaum zu erwarten, dass sie jemals eine wirklich hundertprozentig korrekte Standardsprache erlernen und praktizieren können - dies gelingt den wenigsten Dialektsprechern. Noch weniger kann wohl erwartet werden, dass unsere Schüler am Ende ihrer Schulzeit dazu fähig sind. Mit 'Hochsprache' kann in diesem Zusammenhang also nicht diese idealisierte, schriftnahe Form der Einheitssprache gemeint sein. Vielmehr wird die Unterrichtssprache, vor allem in der Lautung, immer in einem bestimmten Maße mundartlich geprägt sein, mag sie in Grammatik und Wortwahl auch mit der Einheitssprache übereinstimmen - ein Blick in den Unterricht an unseren Schulen genügt, um zu diesem Schluss zu gelangen.

Unbestritten wichtig bleibt das Ziel, die Kinder von Beginn der Schulzeit an zur Hochsprache hinzuführen. Das Hochdeutsche soll jedoch "nicht als etwas für sich gelehrt werden, wie ein anderes Latein, sondern im engsten Anschluss an die in der Klasse vorfindliche Volkssprache oder Haussprache"[123], so R. HILDEBRAND 1959. Es erscheint ein logischer Schluss, dass die Lehrkraft "die Sprache seiner Kinder kennen, wenn irgend möglich auch können" sollte, dass also "derjenige Lehrer von

---

[122] Ministerium für Kultus und Sport Baden-Württemberg (Hg.): Bildungsplan für die Grundschule. Lehrplanheft 1/1994. Villingen-Schwenningen 1994, S. 10.

[123] BRAUN, P.: Sprachunterricht: kontrastiv, in: BRAUN, P.; KRALLMANN, D. (Hg.): Handbuch Deutschunterricht. Band 1: Sprachdidaktik. Düsseldorf 1983, S. 496.

vornherein im Vorteil"[124] ist, der selbst im Mundartgebiet seiner Schule aufgewachsen ist. Der Einfluss der Mundart auf das Erlernen der Hochsprache ist nicht zu unterschätzen, wie U. AMMONs Untersuchungen Anfang der Siebziger Jahre belegen: danach sind Dialektsprecher bei der Aufnahme, Verinnerlichung und Verarbeitung einheitssprachig verschlüsselter Aussagen, beim "mündlichen Verbalisieren in der Einheitssprache", beim "selbständigen Verfassen von Texten" und bei Diktaten im Nachteil gegenüber ihrer in der Hochsprache sozialisierten Mitschüler.[125] Nach einer anderen Untersuchung sind mindestens 25 % aller Fehler in Aufsätzen oder Diktaten durch die Mundart der Schüler bedingt.[126] Es ist also wenig hilfreich, die Vorgabe aus dem Bildungsplan starr erfüllen zu wollen und den Dialekt der Kinder zu ignorieren oder als fehlerhafte Abart des Ideals der Einheitssprache abzuqualifizieren. Zum Erziehungs- und Bildungsauftrag des Faches Deutsch heißt es im Bildungsplan weiter: "Im Unterricht werden die Kinder zu einem bewussten und schöpferischen Umgang mit mündlicher und schriftlicher Sprache geführt. Ihre Freude an der Muttersprache wird geweckt. (...) Der Deutschunterricht nutzt das bereits vorhandene Sprachvermögen der Kinder und entwickelt es weiter. Jeder Unterricht ist auch Sprachunterricht."[127] Die Mundart ist die Variante, in der die Kinder ihre Muttersprache Deutsch kennen gelernt und verinnerlicht haben, die sie beherrschen und zu der sie eine "enge emotionale Bindung" entwickelt haben, die "in die didaktischen Überlegungen einbezogen werden"[128] muss: "Wenn die Kinder von Hause aus Mundart sprechen, sollte gerade der Deutschunterricht ihnen diesen sprachlichen Heimatboden zu erhalten suchen", wird E. ESSEN von AMMON zitiert. Das Kind müsse wohl "in die Hochsprache hineinwachsen", was ihm aber leichter fallen wür-

---

[124] MENZEL, W.: Mundart und Schule, in: BEINLICH, A. (Hg.): Handbuch des Deutschunterrichts. Emsdetten 1969, S. 118.

[125] AMMON, U.: Dialekt, soziale Ungleichheit und Schule. Weinheim und Basel 1972, S. 132 ff., zitiert in: BRAUN, P.; KRALLMANN, D. (Hg.), a. a. O., S. 496.

[126] BRAUN, P.; KRALLMANN, D. (Hg.), a. a. O.

[127] Ministerium für Kultus und Sport Baden-Württemberg (Hg.): Bildungsplan für die Grundschule, S. 19 f.

[128] AMMON, U.: Dialekt, soziale Ungleichheit und Schule. Weinheim und Basel 1972, S. 160.

de, "wenn es seine Mundart nicht als Hemmung, sonder als besonderen Besitz empfindet" [129].

Deutschlehrer sind sich uneinig darüber, "wie sie das Spannungsverhältnis Dialekt - Standardsprache einschätzen und einstufen sollen"[130], noch immer ist man auch auf diesem Gebiet sozusagen auf der Suche nach dem 'Stein der Weisen'. "Über die Stellung der Mundart, über ihre Möglichkeiten und Grenzen im Unterricht", so noch einmal W. MENZEL zitiert, herrsche "eine geradezu bedrückende Unklarheit und die ihr entsprechende Unklarheit"[131]. Peter BRAUN fasst diesbezüglich vier Standpunkte von MATTHEIER zusammen:[132]

(1) "Das Konzept einer möglichst schnellen und durchschlagenden Verdrängung des Dialektes (...) in allen Lebensbereichen", mit dem Ziel, dass die Schüler überhaupt keine Mundart mehr sprechen;

(2) "Eine aktive diglossische Spracherziehung zum Dialekt und zur Standardsprache", nach der beide "Varietäten in der Schule aktiv gelehrt" werden;

(3) Abbau der "Rigorosität der Normanforderungen" innerhalb der Einheitssprache, mit dem Ziel einer "volkstümliche(n) Hochsprache" oder einer "Pluralität von verschiedenen (...) standardsprachlichen Varietäten";

(4) die von MATTHEIER und vielen anderen bevorzugte "Erziehung zur funktionalsituativ gesteuerten Diglossie, (...) indem auf der Grundlage des Dialektes" hochsprachliche Varietäten des Schreibens, Lesens und der Kommunikation "systematisch" erworben werden. Der Dialekt soll dabei "zwar nicht gelehrt, jedoch vom Lehrer bestärkt" werden, "indem dieser wenn möglich auch Dialekt" in alltäglichen Situationen außerhalb des Unterrichts spricht.

---

[129] ESSEN, E.: Methodik des Deutschunterrichts. Heidelberg 1962, zitiert in: AMMON, a. a. O., S. 133. Weitere Ansichten zu der Thematik ebenda.
[130] BRAUN, P.: Sprachunterricht: kontrastiv, in: BRAUN, P.; KRALLMANN, D. (Hg.), a. a. O., S. 498.
[131] MENZEL, W.: Mundart und Schule, in: BEINLICH, A. (Hg.), a. a. O., S. 110.
[132] a. a. O., nach: MATTHEIER, K.: Pragmatik und Soziologie der Dialekte, Heidelberg 1980.

Dialekt ist im Rahmen des Unterrichts also bei weitem nicht nur ein "Thema der Sprachkunde" innerhalb des Faches Deutsch, sondern "greift (...) als Niederschlag geistiger Lebenswelt (...) in alle anderen Bereiche des muttersprachlichen Unterrichts" und "in alle anderen Fächer schulischer Bildung" hinein. Im folgenden Abschnitt sollen Möglichkeiten zur Umsetzung der heimatlichen Mundart als Gegenstand des Sprachunterrichtes im Fach Deutsch skizziert werden.

4.2 Die heimatliche Ortsmundart als Unterrichtsgegenstand

Schrittweise soll nun eine mögliche Unterrichtseinheit zum Thema Ortsdialekt entworfen werden. Zunächst werden Lehr- und Lernziele aus dem Bildungsplan herausgearbeitet, die Voraussetzungen der Lerngruppe beleuchtet, bevor die für den Unterricht geeigneten Inhalte herausgefiltert und methodisch umgesetzt werden.

4.2.1 Leitgedanken und Anforderungen aus dem Bildungsplan für die Grundschule

Der Bildungsplan für die Grundschule sieht eine Behandlung des Dialektes innerhalb des Faches Deutsch für die dritte Klassenstufe innerhalb des Arbeitsbereiches 1: *Miteinander Sprechen* vor. Die Kinder dieser Stufe, so heißt es einleitend[133], "sind sich ihres Sprechens zunehmend bewusster geworden. Darauf aufbauend soll ihre Ausdrucksfähigkeit erweitert werden", sie sollen in verschiedenen Situationen "verschiedenes Sprachverhalten beobachten und erproben", "Gespräche führen", "Gesprächsregeln anwenden", "Gesprächsbeiträge vergleichen" und lernen, einer Situation angemessen zu sprechen. Konkret sollen die Kinder "einfache Formeln in der Mundart" kennen lernen.

In den pädagogischen Leitgedanken[134] zum Unterricht in Klasse 3 erfährt man ferner, dass die Kinder dieser Altersstufe zunehmend die Fähigkeit entwickeln, "sich in andere Personen hineinzuversetzen und über sich selbst und andere zu sprechen". Für den Unterricht werden "regelmäßige, gezielte Beobachtungen" wichtig, "der Unter-

---

[133] Die folgenden Zitate sind dem Bildungsplan für die Grundschule, S. 130 f., entnommen.

[134] Bildungsplan für die Grundschule, S. 111.

richt muss zunehmend Handlungsfelder eröffnen, in denen Kinder ihre Selbsterfahrung im Miteinanderlernen erweitern können". Den Kindern soll "wachsende Verantwortung bei der Planung und Organisation ihres eigenen Lernens" zugetraut werden; im Unterricht sollen sie "verstärkt an Zusammenhänge und Beziehungen der natürliche, technischen und sozialen Phänomene der Lebenswirklichkeit" herangeführt werden. Auf all diese Anforderungen kann bei der Beobachtung des Phänomens Mundart im Unterricht Bezug genommen werden.

4.2.2 Lehr- und Lernziele

Worauf wollen wir hinaus, wenn wir den 'Dialekt unseres Heimatortes' im Unterricht behandeln? Welche Lehr- und Lernziele können dem Thema zugeordnet werden?
Die groben, allgemein formulierten Lernziele, wie sie vom Bildungsplan vorgegeben werden, wurden im vorherigen Abschnitt skizziert. Es stellt sich nun mit W. MENZEL die Frage, wie "die Mundart und ihre sprachliche Welt als organisches Glied des muttersprachlichen Unterrichts die Erziehungs- und Bildungsarbeit der Schule befruchten"[135] kann. Bei der kontrastiven Methode des Hochspracherwerbs dient der Dialekt als Kontrast, als Objekt des Vergleichs und der Abgrenzung. Der Maxime, von der Mundart als Muttersprache der Kinder auszugehen, kann nicht in einigen wenigen "Stunden für Dialektprobleme"[136] Rechnung getragen werden, sondern sie kann nur ein über alle Jahrgangsstufen und in allem Sprachunterricht zu befolgendes Prinzip sein. Eine Unterrichtseinheit speziell über den Dialekt selbst kann dazu vergleichsweise wenig beitragen. Es erscheint wenig sinnvoll, den Dialekt im Deutschunterricht als Selbstzweck in einer oder zwei Unterrichtsstunden zu behandeln. Hier sollten die Ziele und Schwerpunkte woanders liegen, nämlich darin, die Mundart als eines der wichtigsten prägenden Elemente der Heimat, als untrennbar mit dieser verknüpft, zu vermitteln. Gerade in unserem Bundesland und im schwäbischen Sprachgebiet identifiziert man sich mit der eigenen Mundart und damit dem Heimatort und dem Landstrich, in dem man aufgewachsen ist, unter Umständen mehr

---

[135] MENZEL, W.: Mundart und Schule, in: BEINLICH, A. (Hg.), a. a. O., S. 117.
[136] AMMON, U.; LOEWER, U.: Dialekt/Hochsprache - kontrastiv. Sprachhefte für den Deutschunterricht. Heft 4: Schwäbisch. Düsseldorf 1977, S. 17.

als mit der eigenen Nationalität. Es liegt also nahe, im Unterricht der dritten Klasse das Themenfeld 'Dialekt' aus dem Deutschunterricht in Verbindung mit dem Arbeitsbereich 1: *Heimat und Fremde*[137] des Faches Heimat- und Sachunterricht zu behandeln, das ohnehin unter den Fächer verbindenden Themen der dritten Klassenstufe unter dem Titel "Spurensuche: Unser Ort hat eine Vergangenheit"[138] die fünfte Position einnimmt. Als Lehr- und Lernziele in diesem Kontext lassen sich nennen: Spuren der Geschichte des Heimatortes finden, Materialien und Informationen sammeln und ordnen, die gesammelten Informationen sortieren und interpretieren und sie schließlich, etwa in Form von "Ortsbüchern, Sammelalben, Ausstellungstafeln, Wandzeitungen" o. ä., "zur Einsicht anbieten" und auf diese Weise die Ergebnisse sichern. Diese Vorgehensweise soll den Schülern die Geschichte ihres Ortes vergegenwärtigen, bewusst machen und damit den Begriff "Vergangenheit" mit Bedeutung füllen; es soll die Identifikation mit dem Heimatort gefordert werden. Die vorher genannten übergeordneten Lernziele können durch die Art und Weise der Informationsbeschaffung und -auswertung verfolgt werden.

Die Beobachtung der heimischen Mundart kann in diese Unterrichtseinheit eingegliedert werden oder auf ihren Ergebnissen unmittelbar aufbauen. Die Lehr- und Lernziele liegen hier darin, die Sprachaufmerksamkeit zu schulen, den Schülern bewusst zu machen, dass ihre Muttersprache in verschiedener Gestalt auftritt und dass die Wahl der Sprachvarietät situationsbezogen vor sich gehen sollte. Die Kinder sollen lernen, dass ihr Ortsdialekt regional begrenzt ist, in weiter entfernten Städten nur schwer verstanden wird, zur schriftlichen Informationsvermittlung ungeeignet ist und dass daher eine übergeordnete Hochsprache nötig ist. Außerdem kann diese Unterrichtseinheit den Kindern Begriffe wie 'Dialekt', 'schwäbisch', 'Schwabe' und 'hochdeutsch' vermitteln.

Wie aber kann nun der Dialekt als Beobachtungsfeld in diese Unterrichtseinheit sinnvoll eingebettet werden? Vor den methodischen Überlegungen ist zunächst zu klären, welche Gesichtspunkte der Mundart im Unterricht der dritten Jahrgangsstufe

---

[137] Bildungsplan für die Grundschule, S. 138.
[138] a. a. O., S. 118.

überhaupt behandelt werden können, ganz im Sinne einer *didaktischen Analyse*, wie sie die bildungstheoretische Didaktik nach Wolfgang KLAFKI vorschlägt.

4.2.3 Voraussetzungen von Seiten der Lerngruppe

Wir gehen von einer dritten Schulklasse innerhalb des mittelschwäbischen Dialektbereiches, für den die sprachliche Analyse dieser Arbeit gültig ist, aus, und zwar von einer Kleinstadt in der Größe von Urbach (8 000 Einw.), die im Übergangsbereich zwischen städtischer und ländlicher Region liegt. Auf der Grundlage folgender fachlicher und kognitiver Fähigkeiten und Fertigkeiten ist zu planen:

In der dritten Klasse sollten verschiedene Arbeitsformen wie Sitzkreis, Einzel-, Partner- und Gruppenarbeit bekannt und eingeübt sein, Interaktions- und Kommunikationsregeln sind erarbeitet und vereinbart. Im Fach Deutsch ist der Schriftspracherwerb des Anfangsunterrichtes abgeschlossen. "Formen des partnerbezogenen Sprechens"[139], des Fabulierens, Erzählens und des Schreibens einfacher Texte sind erlernt. Den Kindern sind "der Satz als Einheit sowie die wichtigsten Wortarten in ihren vielfältigen Erscheinungsformen bekannt"[140].

4.2.4 Der Dialekt als Beobachtungsfeld - Didaktische Analyse

Aus den im fachlichen Teil dieser Arbeit sehr umfassend herausgearbeiteten Informationen über den Urbacher Ortsdialekt müssen jetzt einige wenige herausgefiltert werden, die in eine Unterrichtseinheit für die dritte Klasse einfließen können. Als Orientierungshilfe dient die didaktische Analyse des Bildungsinhaltes nach KLAFKI.[141]

---

[139] Bildungsplan für die Grundschule, S. 130.

[140] a. a. O., S. 134.

[141] KLAFKI, W.: Didaktische Analyse als Kern der Unterrichtsvorbereitung, in: JANK, W.; MEYER, H.: Didaktische Modelle. 3. Auflage: Frankfurt am Main 1994, S. 133.

4.2.4.1 Gegenwartsbedeutung des Inhaltes für die Schüler

In welcher Form ist der Inhalt "Dialekt" bereits "im geistigen Leben der Kinder"[142] vorhanden, inwieweit sind sie sich des Unterschiedes zwischen Hochsprache und Mundart und ihrer unterschiedlich ausgeprägten Geltungs- und Anwendungsbereiche bewusst?

Wir können davon ausgehen, dass von den Kindern der Klasse etwa ein Drittel nicht aus dem Mundartbereich des Ortes stammen und darunter wiederum ein Drittel Kinder ausländischer Herkunft sind, die teilweise die deutsche Sprache von Haus aus nur wenig beherrschen, im Idealfall in den ersten beiden Schuljahren aber sich ein Sprachverständnis aneignen konnten, das es ihnen ermöglicht, dem Unterricht zu folgen und die Inhalte zu verstehen. Die anderen zwei Drittel dieser Kinder stammen dann vermutlich aus anderen deutschen Sprachgebieten und werden sich im Unterricht und im täglichen Leben mittels einer (eventuell leicht von der Mundart ihrer Eltern geprägten) hochdeutschen Umgangssprache verständlich machen. Diese ursprünglich nicht aus dem Ort stammenden Kinder sind möglicherweise aufgrund ihrer eigenen Erfahrungen für Unterschiede im Sprachgebrauch höher sensibilisiert als ihre schwäbisch sozialisierten Mitschüler, da sie im täglichen Leben mit einer ihnen von der familiären Sozialisation her fremden Mundart konfrontiert sind. Von den Kindern, deren Familien aus dem Beobachtungsort stammen, wird ein Großteil mit dem Ortsdialekt vertraut sein und ihn selbst sprechen; es gibt aber auch Eltern, die ihre Kinder hochsprachig zu erziehen versuchen - für diese Kinder gilt wiederum, dass ihnen der Unterschied zwischen Einheitssprache und Dialekt möglicherweise eher gegenwärtig ist. Für nahezu alle Kinder gilt, dass sie in vielfältiger Weise mit der Hochsprache in Kontakt kommen - an erster Stelle natürlich durch die Schule, deren Sprache die Hochsprache ist, in der sie Lesen und Schreiben in dieser Sprache gelernt haben, aber auch durch die gängigen Medien, allen voran dem Fernsehen. Außerdem dürften die meisten Kinder schon in anderen Dialektgebieten Urlaub gemacht haben, Verwandte oder Bekannte der Eltern aus anderen Bundesländern kennen gelernt und dabei festgestellt haben: Die sprechen irgendwie anders als wir. Dabei dürfte den meisten Schülern zwar ein Zusammenhang zwischen Herkunft und

[142] JANK, W.; MEYER, H., a. a. O.

Sprache bewusst sein, jedoch nicht in konkreter Ausprägung. So erinnert sich der Verfasser beim Schreiben dieser Zeilen daran, dass er am Anfang seiner Grundschulzeit hochdeutsch sprechende Menschen generell dem Gebiet der damaligen DDR zugeordnet hat, weil seine Familie in dieser Zeit häufig Besuch aus dem Ostteil Deutschlands hatte. Das Thematisieren der eigenen Mundart im Unterricht kann den Schülern bewusst machen, dass diese nur in einem kleinen Teil Deutschlands gesprochen wird.

4.2.4.2 Exemplarische Bedeutung und Zugänglichkeit des Inhaltes

Am Beispiel des Dialektes kann verdeutlicht werden, dass unsere Muttersprache uns in verschiedenen Ausprägungen begegnet, und dass je nach Situation der Sprachgebrauch variiert wird. Die Zusammenhänge zwischen Herkunft und Sprache von Menschen können ins Bewusstsein der Schüler gerufen werden.

Im sprachlichen Teil der Unterrichtseinheit sollen das gesammelte Dialektmaterial mit der Hochsprache verglichen werden. Dabei beschränken wir uns auf einige wenige, augenscheinliche Besonderheiten des Dialektes in Lautung und Wortwahl. Die Unterschiede in der Grammatik sind kein geeigneter Beobachtungsgegenstand für eine dritte Klasse. In der Lautung des Schwäbischen können etwa die Entrundung von /ö/ und /ü/, die Verkürzung von Endsilben, einige Unterschiede bei Diphthongen und eventuell die Ersetzung von /st/ und /sp/ durch /schd/ und /schb/ Gegenstand des Unterrichts sein; hinsichtlich der Wortwahl hängt es vom Sprachmaterial ab, ob und wo sich geeignete Beispiele ergeben - fehlt es hier an geeignetem Material, so kann der Lehrer eigene Beispiele oder solche aus der Dialektliteratur, die dann immer dem sprachlichen und kognitiven Stand der Schüler angemessen sein muss, zurückgreifen.

4.2.5 Methodische Überlegungen

Die Unterrichtseinheit über den Ortsdialekt soll, wie schon erwähnt, im Rahmen der Fächer übergreifenden Themeneinheit *Spurensuche: Unser Ort hat eine Vergangenheit* ihren Platz finden. Der sprachlichen Betrachtung des Dialektes gehen dabei eine Vorbereitungsphase, in der die Schüler in die Methoden der Informationsgewinnung zum Thema eingeführt werden sollen, und eine geschichtlich geprägte Teileinheit des Heimat- und Sachunterrichtes voraus. Die unter Berücksichtigung der im Vorfeld dargestellten pädagogischen, fachlichen und didaktischen Aspekte herausgearbeitete methodische Möglichkeit, die Thematik im Unterricht durchzuführen, soll im Folgenden dargestellt werden. Dabei wird die heimatkundliche Teileinheit zunächst grob skizziert, um anschließend auf die Methodik der Spracharbeit näher einzugehen.

4.2.5.1 Grobe Übersicht über die heimatkundliche Teileinheit

Den Rahmen der Unterrichtseinheit bildet der *Arbeitsbereich 3: Raum und Zeit - den Ort erkunden*, wie er im Bildungsplan für den Heimat- und Sachunterricht der 3. Klasse formuliert wird. Den Schwerpunkt bei der "Spurensuche" im Heimatort bilden Erkundungsgänge, in denen Material gesammelt wird. Dies können "bildhafte Dokumentationen" wie Zeichnungen, Fotografien, Postkarten, Bildkarten sein, Texte, die man aus "Heimatmuseen oder Ortsbüchereien" gemeinsam oder in Gruppenarbeit gefunden hat, man kann auf den "Erkundungsgängen durch den Ort historische Zeugnisse entdecken und in vielfältiger Weise dokumentierten", indem man selbst Fotos macht oder Gebäude abzeichnen lässt - es bieten sich hier vielfältige Vorgehensweisen an. Im Rahmen eines solchen Erkundungsganges bittet man "sachkundige, auch ältere Mitbürger um Informationen", und zwar mittels eines auf Tonband aufgenommenen Interviews, das der Lehrer zusammen mit den Schülern durchführt. Die Informanten sollten in unserem speziellen Fall einen deutlichen, aber nicht allzu extremen Dialekt sprechen und daher vom Lehrer vorher ausgewählt und natürlich informiert werden. Im anschließenden Unterricht wird das gesammelte Bild- und Tonmaterial gesichtet, geordnet und ausgewertet. Bei dem Versuch, im Klassenverband die gesprochenen Informationen zu verschriftlichen, wird dabei schon deutlich, dass ein Transfer vom Dialekt in die Hochsprache nötig ist. Jedoch liegt die Gewichtung der ersten Unterrichtsstunden zum Thema auf der heimatkundlichen Auswertung und Dokumentation: mit den gesammelten Materialien kann dann gemeinsam ein Heimatbuch oder eine Ausstellung erstellt werden.

4.2.5.2 Vorbereitungsphase zur sprachkundlichen Teileinheit

Hier ergibt sich eine zusätzliche Option, wenn ein größerer Zeitrahmen für die Unterrichtseinheit veranschlagt werden kann und der sprachliche und kognitive Stand der Klasse dies erlaubt. Man kann den Schülern eine Woche Zeit geben, um zu viert oder zu fünft selbst ein solches Interview durchzuführen. Dazu ist im Vorfeld eine entsprechende Einführung notwendig, entweder vor dem gemeinsamen Erkundungsgang im Ort, bei dem die erste Sprachaufnahme wie beschrieben vom Lehrer durchgeführt wird, oder unmittelbar danach, indem man die Vorgehensweise des Lehrers analysiert. Wenn die Schüler selbst auf diese Weise Informationen sammeln, hat man zur Thematik erstens wesentlich mehr Daten zur Verfügung, zweitens können sich die Schüler mit dem gemeinsam erstellten Heimatbuch (bzw. der Ausstellung o. ä.) besser identifizieren und sehen im Ergebnis die Früchte ihrer eigenen Arbeit. Drittens kann mit diesen Aufnahmen anschließend gearbeitet werden, um den heimischen Dialekt zu untersuchen, was wiederum auch in dieser Thematik zur Motivation und Identifikation beiträgt, da die Schüler diese Aufnahmen selbst durchgeführt haben. Natürlich bedeutet dieser Arbeitsschritt ein deutliches Mehr an organisatorischer Arbeit und Zeit.

Lässt man die Schüler keine eigenen Aufnahmen durchführen, so kann entweder mit der gemeinsam durchgeführten Aufnahme - sofern der Informant Sprecher der heimischen Mundart ist - oder mit einer anderen, vom Lehrer gestellten Quelle gearbeitet werden.

■ Vorbereitung der Aufnahmen

Für die Einführung in die Technik des Interviewens und des Aufnehmens wird mindestens eine volle Schulstunde veranschlagt. Als Einstieg in die Stunde bietet sich das Vorspielen eines Interviews in einer Radiosendung an, sofern die Einführung vor der gemeinsamen Durchführung des oben beschriebenen Interviews erfolgt; ansonsten kann man auf dieser Erfahrung direkt aufbauen. Bevor die Einführung beginnt, sollen die Schüler über den Zweck der Stunde informiert werden und erfahren, dass sie in Kürze selbst eine solche Aufnahme durchführen sollen, um Informationen über den Heimatort zu sammeln.

Zunächst sei die technische Seite geklärt. Die meisten Schüler dürften bereits Erfahrungen im Abspielen von Kassetten haben. Der Lehrer erklärt die Funktion des Aufnehmens (sowie des Abspielens und Vor- u. Zurückspulens) am besten, indem er einen Schüler 'interviewt', dabei das Gesprochene mit einem (eigenen oder von der Schule geliehenen) gängigen Recorder, der über ein eingebautes Mikrofon verfügen muss, aufnimmt und anschließend der Klasse vorspielt; dabei kann er einfache Fragen zur Person, Hobbies usw. stellen. Während dieser Demonstrationsphase werden die entsprechenden Symbole des Kassettenrecorders etwa wie folgt an die Tafel geschrieben:

> Kassette abspielen

■ stopp

• > aufnehmen

>> vorspulen

<< zurückspulen

Anschließend soll der Aspekt der Interaktion behandelt werden: Was ist zu beachten, wenn man Leute interviewt? Der Lehrer kann sich, während er einen Schüler interviewt, passend oder unpassend verhalten (z. B. ständig dazwischenreden, zu leise reden, nuscheln...) und die Schüler analysieren lassen, was er richtig oder falsch gemacht hat. Die Äußerungen der Schüler werden zunächst unsortiert an der Tafel gesammelt.

Als nächstes sollen einige Schüler einen Mitschüler (oder den Lehrer) selbst interviewen, um die Handlungsabläufe zu verinnerlichen. Die anderen Schüler sollen dabei genau beobachten und sagen, was richtig und was falsch gemacht wurde; dabei können sich noch weitere Gesichtspunkte ergeben. An dieser spielerischen Einführung werden die Schüler ihre Freude haben und dadurch für die selbst durchzuführenden Aufnahmen motiviert, außerdem lernen sie, wie man ein Kassettengerät bedient. Die Gesichtspunkte werden dann an der Tafel geordnet zusammengefasst in "falsch" und "richtig", die Überschrift dazu kann etwa lauten: "Wir machen eine Aufnahme. Was müssen wir beachten?" oder "Wir befragen Menschen, die in unserem Ort wohnen" o. ä. Die Schüler sollen diese möglichst kurz und knapp formulierten Punkte in ihr Heft übertragen.

Schließlich muss die Vorgehensweise bei den nun durchzuführenden Aufnahmen besprochen werden. Dafür wird in dieser Stunde wahrscheinlich keine Zeit mehr übrig sein, es muss dann in der nächsten Stunde getan werden. Mit den Kindern wird geklärt, welche Art von Informationen gesammelt werden sollen. Die Personen, die sie befragen sollen, sollten den Kindern bekannt sein und aus dem Ort stammen. Den besonderen Gegebenheiten des Ortes entsprechende mögliche Fragen werden formuliert. Es bietet sich an, diese Fragen auf vorgefertigten Zetteln, die die Kinder den zu befragenden Personen und/oder ihren Eltern geben sollen und auf denen außerdem kurz Ziele und zu beachtende inhaltliche Aspekte der Thematik zusammengefasst sind, aufzuschreiben, damit die Informanten wissen, was sie in etwa erzählen sollen. Ein Hinweis darauf, dass die Aufnahme möglichst kurz sein sollte - vielleicht etwa 10 Minuten - sollte nicht fehlen. Im Falle des Beispiels Urbach könnten die Fragen z. B. auf die frühere Teilung in zwei Gemeinden, die Vergangenheit des Urbacher Schlosses, das früher ein Heim für schwer erziehbare Mädchen war, oder auf allgemeine Aspekte wie Landwirtschaft und tägliches Leben abzielen.

Hier ist das Organisationstalent des Lehrers gefragt. Seinem Wissen über soziale Gegebenheiten der Klasse entsprechend teilt er sie in sechs bis acht Gruppen zu vier oder fünf Kindern ein. Es muss hier nicht weiter erklärt werden, dass persönliche Beziehungen der Kinder untereinander bei der Einteilung berücksichtigt werden müssen. Kinder, die der Mundart nicht mächtig sind, werden gleichmäßig auf die Gruppen verteilt.

Innerhalb der Gruppen sollen die Kinder mit Unterstützung des Lehrers Vorschläge sammeln, wen sie befragen könnten. Außerdem muss geklärt werden, wer in der Gruppe über einen geeigneten Kassettenrecorder verfügt und wer die Kassette stellt. Vielleicht muss der Lehrer ein Gerät zur Verfügung stellen.

■ Durchführung und inhaltliche Auswertung der Aufnahmen

Mit den Informationszetteln ausgestattet, sollen die Kinder nun selbständig nach geeigneten Informanten suchen. An den folgenden Tagen (vielleicht kann man die Phase der Informantensuche auf ein Wochenende legen) erkundigt sich der Lehrer, ob die Gruppen bereits eine Person gefunden haben. Findet eine Gruppe mehrere geeignete Personen, so muss sie sich auf eine einigen. Notfalls muss der Lehrer vermitteln.

Wenn eine Gruppe so weit ist, rekapituliert der Lehrer mit den Kindern dieser Gruppe zusammen nochmals die Vorgehensweise und erneuert seine Instruktionen. Die Schüler vereinbaren einen Termin mit der Gewährsperson und interviewen sie.

Die Aufnahmen werden eine Woche später - es kann natürlich vorkommen, dass eine Gruppe nicht in der Lage war, eine Aufnahme durchzuführen - im Klassenverband präsentiert. Vorher muss der Lehrer in den einzelnen Gruppen Informationen über Verlauf und Dauer der Aufnahmen einholen, damit er beim Vorspielen entsprechend eingreifen kann.

Es folgt die Auswertung der Informationen für das Thema *Spurensuche* innerhalb des Heimat- und Sachunterrichts, an deren Ende, wie beschrieben eine Ausstellung oder ein Heimatbuch stehen kann. In deren Verlauf werden Informationen aus den Aufnahmen und den anderen Quellen sortiert und zusammengefasst. Bei Aufnahmen mit Dialektsprechern merken die Schüler, dass die aufgenommene Sprache ins Hochdeutsche 'übersetzt' werden muss, will man die Informationen verschriftlichen. Das sprachliche Bewusstsein wird geschärft. Diese Beobachtung kann der Lehrer eventuell aufgreifen und eine Diskussion über den Platz von Mundart und Hochsprache anberaumen. So wird gleichzeitig auf die folgende sprachliche Betrachtung der Aufnahmen hin gearbeitet.

4.2.5.3 Sprachliche Auswertung der Aufnahmen

Aus der vorangegangenen Unterrichtseinheit im Heimat- und Sachunterricht sind dem Lehrer die Aufnahmen der Schüler bekannt. Er kann nun eine oder mehrere für die Sprachbetrachtung geeignete Passagen auswählen und zusammen schneiden. Möglicherweise ist aber keine der Aufnahmen hierfür geeignet, sei es, weil die befragte Person keinen Dialekt gesprochen hat oder auch aus anderen Gründen. In diesem Fall verwende der Lehrer die Aufnahme, die er zuvor zusammen mit der Klasse durchgeführt hat, oder ein anderes Sprachdokument, wodurch dann aber die Verbindung mit der heimatkundlichen Unterrichtseinheit verloren geht. Als Beispiel einer möglichen, zur Verwendung im Unterricht geeigneten Aufnahme sei eine Textpassage aus dem vom Verfasser durchgeführten Interview mit dem Gesprächspartner *Friedrich W.* herangezogen, die inhaltlich dem im Unterricht zu bearbeitenden Thema recht nahe kommt, und zwar die ersten beiden Absätze der verschriftlichten Aufnahme, wie sie im Anhang dargestellt ist, bis zu der Phrase "hòd mer's nómmòl vrschdraeá miáßá".

Zum *Einstieg* ins Thema 'Mundart' eignet sich eine kleine, im Dialekt vorgetragene Geschichte, die die Kinder womöglich (in hochsprachiger Form) bereits kennen, ein Gedicht o. ä. Nach Wilhelm MENZEL liegt "der unmittelbare Ansatz (...) und das fruchtbarste Feld" zur Thematisierung von Dialekt im Unterricht "bei der mundartlichen Dichtung und dem mundartlichen Lied"[143]. Der Lehrer wird vielfältige literarische Quellen finden, kreativ ins Thema einzusteigen[144]. Es ist empfehlenswert, den in den Dialekt gesetzten Text möglichst frei vorzutragen, damit die Schüler von Anfang an die Mundart als gesprochene Sprache begreifen.

Den Schülern wird der veränderte Sprachgebrauch auffallen, und einige werden sich vielleicht an die kurz davor durchgeführte inhaltliche Auswertung der Aufnahme(n) und an die Probleme, die der Dialekt ihnen dabei eventuell gestellt hat, erinnern. Der Lehrer schildert dann die Thematik der folgenden Stunde: Wir wollen uns diese Sprache nun einmal genauer ansehen - oder besser anhören.

Damit sie dem Unterrichtsgeschehen besser folgen können und vor allem das abzuspielende Sprachmaterial akustisch gut verstehen, sollen die Schüler nun mit ihren Stühlen nach vorne kommen und um das Abspielgerät herum einen Halbkreis bilden, der außerdem die Kommunikation fördert. Die Kinder bekommen nun Teile der Aufnahme(n) erneut zu hören. Es kann sein, dass bei der inhaltlichen Bearbeitung bereits die eine oder andere sprachliche Auffälligkeit zur Sprache gekommen ist; nun jedoch sollen die Schüler ihre ganze Aufmerksamkeit auf die Sprache richten und die leicht zu erkennenden Unterschiede zur Hochsprache systematisch und gezielt herausgearbeitet werden. Diese *Arbeitsphase* hat experimentellen Charakter. Es ist schwer vorauszusehen, ob die Kinder überhaupt selbständig zu dieser Differenzierung in der Lage sind und welche Besonderheiten ihnen dann eventuell auffallen. Die Aufnahme

---

[143] MENZEL, W.: Mundart und Schule, in: BEINLICH, A. (Hg.): Handbuch des Deutschunterrichts. Emsdetten 1969, S. 119.

wird Schritt für Schritt gemeinsam angehört, und die Schüler sollen sich melden, sobald ihnen eine sprachliche Besonderheit auffällt und diese nennen. Gegebenenfalls fragt der Lehrer zurück: Wie können wir das Wort aufschreiben?, wenn der Unterschied lautlicher Art ist, bzw.: Wie können wir es anders nennen?, wenn ein Synonym für ein schwäbisches Lexem gesucht wird. "Es geht dabei darum, den 'Anschauungsgehalt der Muttersprache lebendig zu machen, die Wörter und Wendungen zu durchdenken und zu durchfühlen', vor allem das Ohr zu üben, dass es die Feinheiten gesprochener Sprache vernimmt"[145], so W. MENZEL. Als Anregung kann man hier Schüler, die die Mundart nicht beherrschen, fragen, ob sie das Wort (z. B.: 'haeá', 'zeemádau') verstehen oder sich etwas darunter vorstellen können, natürlich - Vorsicht! - ohne ihre mangelnde Dialektkompetenz als Schwäche darzustellen. Das Wort und die gefundene hochsprachliche Entsprechung werden dann an die Tafel geschrieben. Es ist anzumerken, dass die Thematisierung der Mundart im Unterricht "lieber mündlich als schriftlich ablaufen" sollte: "Das Schreiben von Mundart sollte vermieden werden", mahnen W. BESCH und H. LÖFFLER[146], da Interferenzen mit der Rechtschreibung befürchtet werden. W. MENZEL, ein glühender Verfechter der Mundart, zeigt sich kompromissbereit: "Gegen schriftliche Übungen in der Mundart bestehen wegen der Rechtschreibung vielfach schwere Bedenken. Sie sind durchaus berechtigt, doch wiegen sie m. E. nicht so schwer, dass Kinder überhaupt nicht in Mundart schreiben sollten. In der Grundschule empfiehlt es sich freilich, die Mundart der Kinder nur mündlich zu pflegen"[147], da sie noch nicht über eine ausreichende Sicherheit in der Rechtschreibung verfügen. Auf eine Übertragung des Tafelanschriebs in die Hefte wollen wir also verzichten, nach Ansicht des Verfassers ist es jedoch zu vertreten, die dialektalen Formen in Kontrastierung zur Hochsprache an der Tafel zu übernehmen.

---

[144] Z. B. eignet sich, sofern die Geschichte in der Klasse bekannt ist, ein Kapitel aus der schwäbischen Version von Max und Moritz: SPOHN, M.: Max und Moritz. A Buabagschicht en siiba Schdroech vom Wilhelm Busch. Stuttgart 1982.

[145] MENZEL, W.: Mundart und Schule, in: BEINLICH, A. (Hg.), a. a. O., S. 122.

[146] LÖFFLER, H.; BESCH, W.: Dialekt/Hochsprache - kontrastiv. Sprachhefte für den Deutschunterricht. Heft 3: Alemannisch. Düsseldorf 1977, S. 17.

[147] MENZEL, W.: Mundart und Schule, in: BEINLICH, A. (Hg.), a. a. O., S. 125.

Wünschenswert wäre es, eine gewisse Systematik in manchen Abweichungen herauszuarbeiten, etwa die /ö/- und /ü/-Entrundungen oder die Ersetzung des /s/ durch /sch/ vor /t/ und /p/ - dies ist vom Sprachmaterial und den Fähigkeiten der Kinder abhängig. Der Lehrer kann auf jeden Fall die Schüler darauf hinweisen. Beim Anschreiben an die Tafel hat er auch die Möglichkeit, die Abweichungen in der Lautung vorzusortieren.

Im Folgenden sei ein möglicher *Tafelaufschrieb* mit sprachlichen Besonderheiten, die den Kindern an unserem Beispiel auffallen könnten, wiedergegeben; lautliche Unterschiede sortiert in der linken, Lexeme in der rechten Spalte. Dabei wird auf die komplizierte Transkription mit Akzenten verzichtet und nur das hochsprachliche Alphabet benutzt. Die Ortsbezeichnungen lassen wir außen vor, da sie bereits im heimatkundlichen Teil behandelt worden wären.

Wiesa- Wiesen	Briggle – Brücklein
dieba - drüben	Morga – Morgen
mießa - müssen	Reula/Roela – Reihen
verschdraed - verstreut	Lacha - Lache, Jauche
hoemdoa - heimtun	Heia – Heuen
zeemadau - zusammentun	Heifla – Häuflein
em Obends - am Abend	

Anhand dieser wenigen, zugegebenermaßen etwas schwierigen Beispiele - bei den tatsächlichen Aufnahmen dürften sich die Sprecher um eine kindgerechtere Ausdrucksweise bemühen - können schon, zumindest mit Hilfe des Lehrers, einige Phänomene herausgearbeitet werden. Dabei sollte man sich um angemessene Formulierungen bemühen, kann vielleicht sogar die Äußerungen der Kinder wörtlich übernehmen

- Im Dialekt gibt es Wörter, die manche von uns nicht verstehen,
- ü macht der Dialekt zu i,
- ei macht der Dialekt zu eu, aber umgekehrt macht er eu zu ei,
- lein und chen macht der Dialekt zu le,
- das en am Ende von Wörtern wird zu a,

Anschließend sollte der Lehrer gemeinsam mit den Kindern eine *Überschrift* suchen, die z. B. lauten könnte: "Der schwäbische Dialekt".

Zur *Ergebnissicherung* und zum Abschluss der Stunde kann man nicht, wie üblich, die erarbeiteten Erkenntnisse ins Heft übernehmen. Es ist ja auch nicht Ziel der Unterrichtseinheit, den Dialekt sprachwissenschaftlich mit den Kindern zu analysieren. Vielmehr soll das Sprachbewusstsein geschärft werden. Die Stunde kann man mit einer Diskussion beenden, die vielleicht damit beginnt, dass der Lehrer die These in den Raum stellt, nicht überall und zu jeder Gelegenheit dürfe man Dialekt sprechen. Mit den Schülern soll herausgearbeitet werden, in welchen Situationen die Verwendung der Mundart gerechtfertigt ist (Familie, Freundeskreis) und wo man besser hochdeutsch spricht (mit ortsfremden Personen, wenn man im Urlaub ist, in der Schule) - in der Lebenswelt der Kinder gibt es selbstverständlich nur wenige Situationen, in denen der Dialekt als Verständigungsmittel nicht ausreicht. Man kann die Wichtigkeit der Hochsprache an Beispielen herausstellen: Wie wäre es, wenn die Nachrichten im Fernsehen auf schwäbisch verlesen würden? o. ä.

Als 'Ergebnissicherung' können dann diese Vereinbarungen schriftlich festgehalten werden, in etwa: "Zuhause und mit Freunden dürfen wir schwäbisch sprechen. In der Schule sollen wir hochdeutsch sprechen". So wird der Dialekt weder abgewertet noch idealisiert, sondern ihm wird seine berechtigte Existenz neben der nötigen Hochsprache zugestanden.

In die erwähnte, am Ende der heimatkundlichen Einheit stehende Ausstellung oder in das erstellte Heimatbuch kann eine gute Aufnahme - vorausgesetzt, die Gewährsperson erklärt ihr Einverständnis - mit einfließen. So wird der Kreis zwischen inhaltlicher und sprachlicher Betrachtung geschlossen.

Hat man noch Zeit übrig oder eine weitere Stunde für die Dialektbetrachtung reserviert, so kann auf den situativen Aspekt noch ausführlicher eingegangen werden. Entweder gemeinsam an der Tafel (oder anhand von Arbeitsblättern in Form einer Tabelle) kann mit den Schülern differenziert werden, wie man z. B. in Dialekt und Hochsprache grüßt, sich entschuldigt, sich bedankt, beschimpft, ärgert, um etwas bittet u. ä. "Je nach Alter kann man diese sprachlichen Handlungstypen auch mit verschiedenen Rollen spielen lassen", was sich für die Grundschule anbietet, "weil man jüngere Schüler nicht dazu bringen sollte, Dialekt aufzuschreiben"[148]. Auf diese Weise kann man die Kinder auffordern, sich Gedanken darüber zu machen, in welchen Situationen die dialektale oder die hochsprachliche Variante passender erscheint, und auf diese Weise das Sprachbewusstsein fordern.

[148] LÖFFLER, H.; BESCH, W.: Dialekt/Hochsprache - kontrastiv. Sprachhefte für den Deutschunterricht. Heft 3: Alemannisch. Düsseldorf 1977, S. 92.

ANHANG

Die Transkriptionen der Sprachaufnahmen

Brigitte W., 60 Jahre alt, Verkäuferin

Interview durchgeführt am 6. April 1998 zwischen 15 und 17 Uhr, in der Wohnung der Informantin und ihres Ehemannes in Urbach.

(...)

Mir hén, so viel Zeid hén mir ne' ghéd wie heid die Frauá; die Frauá sén nur für die Kinder dò. Bei uns sén die Kinder näbáhär áufgwachsá. Wòesch, du hòsch au dae Sach schaffá miáßá, gä. Ja, heid hòd mer ja ganz ándré - dò isch ja älles viel leichder, wòesch. Mir hén kóe Schbilmaschiné ghéd, i hán néd ámòl á Waschmaschiné ghed, i hab allés kóchd. Dòmòls hòd mer dié gánzé - ond hòd Windlá ghed, ed bloß, kóené, kóené Pémbers, gell.

Wie isch des gángá, kochá, en so má Zuber?

Ha, ondá, en dá Waschküché hémmer, dò hémmer en Késsel stándá ghéd, en großá, wòeß ed, wo der jédzd isch. Dò hòd mer Feuer gmachd, on hòsch kóchd. On von wägá, von wägá, dò hòd mer au koe Schleuder, nix ghed, dò hòsch hald, ja, en dá Kichá hòsch kóchd, en ónserá glóená Kiché. On dò isch, bei uns undá, mir hénd jò au so en, en... en Härd ghéd, wo mer Feuer gmachd hòd. On dò war jò a Rohr nae, ens Kámin, dò isch ja des Kámin. Ja, on dò hòd's so en Ring gäbbá, on so Stäb ráus, on dò hòsch dae Sach dróggnd, em Winder.

Aber mir warád, mir warád au älle, wòesch, zfriedá ond so, aber sehr sehr béschaedá. (...)

Wie isch des aegendlich gángá - mer hòd jò aegndlich gar nix ghed dòmòls, Geld, nix - wie isch des gángá, dass mer dòmòls báuá kenná hòd?

Also mir, mir selber, des wòeß i, mir hend, Neunzähondrfuffzich war des wahrschaenlich, dò sen mir dò umzogá on dò hen mir en Báuschbarverdrag abgschlóssá.

On nò hén mir - fír damaligé Verhäldnissé war des unhaemlich viel. Dò hán i glaub jeedn Monad - sag i des jédz au richdich - hunderd Mark aezahld. On des war damals viel. Aber mir hénd au gschbard, mir hénd also wírklich - des könned ihr euch gar némmé vorschdéllá.

Ja aber, i moen hald, von d'r Währungsreform undsoweider, dò isch doch des ganzé Geld nix meh wärt gwäsá, dò hòd mer doch faschd nix meh ghed on so...

Ja, dò hòsch ja au bei Null ágfángá. Kánnsch du dir ned vorschdéllá? Dò hòd mer au net so gläbd, dò war ja allés viel viel billiger.

...s' hòd kaum mehr Firmá, Fabriggá gäbbá, odder, wie hen die des gmachd, dass se Löhné zahlá könnád, was fír Gschäfd...

Firma Arnold war hald a großé, á großé Firma. On diá Béddá, des isch ja damòls au gángá, wòesch, die Granggáhäusbéddá, also des isch schó, hòd schó florierd. Die hén dòmòls in dá Haubdsaché, á Áusschdaddung, á Granggáháusáusschdaddung, wòesch, die Béddá on die Schrenk, on die Nachttischlá, des hénd die hergschdélld. (...)

Wòesch, fír ons Kinder und so, also frier, dò hén hald die Mídderá oder einfach, áus aldé Sachá was gnähd. (...)

Mir hén gánz míhsám - i hab ja des richdich erläbd. I war ja elf Jòhr, wo i nòch Urbach kómmá bin. Nò hémmer erschd bei Sch.s dò gwohnd en dem klaená Ding, en derá Küche hen mir gschlòfá, kásch d'r gar ned vorschdéllá, wie des áusgsäá hòd, aber dò war's warm on mir hen á warms Bédd ghed. (...)

On nò sémmer zu Sch.'s nieberzogá, dò war'mer nò gánz gligglich, dass'mer á Wohnung für uns ghéd hén - 'móen, dò sémmer ja mid Oma on Opa, des war ja óe Gemeinschaft, gell, on dò warád die Pfärdé undá aegschdélld und hòsch hald á Wohnzimmer ghed und á Küché. (...)

On nò isch, i sag ja, nò hòd mer en Bauschbarv'rdrag abgschlóssá ond i hab des émmer dòhánná aezahld, áuf dá Poschd, wòeß i no guád. Nò hòsch aber au wírglich älles zámmágradzd, on wenn i aekaufá gángá ben, mir hen dáhoem erschd áusgrechn'd: kánn é jédzd fuffzich grámm Wurschd kaufá oder kánn i hundert grámm Wurschd kaufá. Desch aber kóe Märchen, des isch so. Es muß ja so sae, ja. Aber i muß immer wieder dázu sagá, wénn i von mir sälber áusgáng: mir warád irgendwie glüggliche Kender so, wòesch, mir warád zfriedá. Ond so üppich ässá, so wie heid, des isch gar ned so gsond. On dò hòsch hald, dò hòsch Wasser áus'm Hahná dróngá. On nò hòsch Tee gmachd, gell. Dò war des dòmòls, des war dò no ned so schlechd, oder aefach, dò hòsch áus'm Hà... wénn'dé Durschd ghed hòsch, hòsch áus'm Hàhná drungá. Und was mir hald viel - Obschd, wòesch, hòd mer hald gessá. Dò wo mir bei da Frau Sch., die hòd Zwedschgá ghed. Ond die war arg guád, also mir hén dò emmer des essá därffá, wòesch. (...)

Ond i kánn me au noh endsinná, dass mir òbends oft viel... Haferflockensuppé gmachd hénd. (...)

Wòesch, dò hòsch au bloß en Härd ghed, wo de Feuer gmachd hòschd, on kóen Élektrohärd. On wémmer baggá hénd, isch mer zóm Becker gángá ond hòd's - dò ferdichgmachd, on bisch dò nónderglaufá on hòsch dò ráusbaggá lassá, gell. (...)

Was isch'n als érschdes - was war s'érschdé elegdrisché Gerät - bei eich?

Also mir hén Neuzä'o'derdfuffzich, drübá, he'mir s'érschdé Radio kaufd. Kánn i mir, also des wòeß i noh. On Élekdrohärd... on nò hén mir dòrt au en Zwòeplad-dáhär... élekdrohärd ghéd. Pladdá. Wòesch, der war bloß so groß... also, des hen mir ghed. Dá érschdé richdige Härd hén mir érschd, wo mer báud hen, Neuzäá'o'derdvíer'nfínfzich, mir sén em Mai aezogá - nò hòd's jà den Beischdellhärd ghed, also wo mer Feuer machd, Feuerschdéllé - ond i wòeß eddá, hòd mer dò scho Élekdrohärd ghed... wo mir gheiradád hen, des war Neunáfuffzich - dò hén mir au néd glei en Élekdrohärd ghed. Dò hémmer au érschd den... mid Feuer ghéd. (...)

Dò hòd mer en schéná Beischdellhärd ghed, wo obá - á Pladdé. Vor'är hòd mer ja die Ring ghéd. (...)

Ond wénn i déngg, wo mir schó verheiradád warád, also - des war ja schó Neunáfuffzich. Nò hén mir ja undá gwohnd, also dá Vadi hòd ja des färrdichbròchd, dass mir hén dò wohná därfá, weil die sén dò áuszogá, sowieso, weil se selber báut hend. On durch des hén mir nò au glei gheiráded, aber der Bírgermaeschder hòd ons ed naelassá wellá, der hòd nómmòl wélche, wòesch, vom Lager oder so, naedo wellá. Also, des hòd'er nò durchbròchd, dass mir hen dò wohná kenná. (...)

Wòesch, des war á schlimmé Zeid. Ond au selbschd als Kind hòsch du des émpfundá, du warschd - iberall warsch ja du läschdig. Dass die Leid sich net gfreut hend, dass'se so - wòesch, die hénd au Zimmer hergäbbá míssá, die W.s hénd ja au Zimmer dòhendá hergäbbá míssá. Nò hòd's hald au sólché on sólché gäbbá. Un durch des hen mir au gsäá, dass mir bald - wòesch, einfach sälber... weil des hémmer au gmergd, die Tochter war au em heiradsfähigá Alter, dò sen au schó Freundé kómmá - on nò wòesch ja, musch raus. Edz suách ámol á Wohnung. On mir warád des von dáhòem ja au gwehnd, Muddi war's von dahòem gwehnd, mir warád's von dáhòem gwehnd, dass mer Aegentum hòd, wòesch, dass mer im aegéná wohnd, gell. (...)

On wénn i so zríggdéngg'grad an ons - i gáng hald émmer von mir áus - ja dénggschd, mir heddád á Taschágeld kriegd oder so? Ond wo'n'i élter war, i hán ja au gschaffd, áuf dá Gránggákass nò. I hán des, hán i des dòmòls abgäbbá? I hán's gschbard glaub. Au áuf's Kóndo. Also mae Schlòfzimmer hán i nò kaufá kénná, selber. I war ja no néd so, i war ja érsch zwòeázwánzich, wo i gheiradád hán, wòesch. (...)

Ja, ond i hán älls sónndags á Mar'kriégd. On dò hòd's au Filmé gäbbá, i wär au gern ámòl ens Kinno gàngá, werd i nie vergessá, en dá Éschbachhallé. On nò sémmer vorbeiglaufá, nò hémmer's ons iberlegd, dò sémmer néd nae, mir sén néd nae, mir hén, die Mark hòsch gschbard. Wòesch, des ká m... des kénnád sich heid dié Jongé némmé... einfach némmé vorschdéllá. Ja. Noe, on des - on dahär hen mir des gschaffd. Weil du wòesch ja des au, wénn mer báut - du musch ja des au abzahlá, net. Vorher erschd schbará, on nadirlich - des Háus hòd ámòl draißichtáusend Mark kóschdád. Dòmòls. Aber dò hòsch ja au bloß á Marg verdient.

Aber des - schdeigd dánn au, ...

Des war des Gudé. Des war ja fír uns... des Gudé, gell. Jédz heudzudaag, wenn heud jemand báud hòd oder vor zwòe, drei Jòhr báud hòd, der schdòhd schlechd dò jedzd. Also, die Géfahr isch ja émmer gröeßer. (...)

Wòesch, mir hén uns ja dàmòls, wénn i déngg - nò hòd mer sich á, á Äggerle gmié..., also pachdád von dá Gémaendé, dò óndá án dá Rems - dò ham'mer, hémmer alles, des hémmer alles näbáhär gmachd nòch'm Gschäfd. Dò hòsch ábáud, hòsch gelbé Riébá á..., hòsch allés ghéd, von dem hén mir gläbd. Dò hòd mer nie was kaufd, wòesch, dass du mòl... awa, des hòd's ed gäbbá, dò hòd's, des hòd mer gässá, was mer ghéd hòd. Und Kartóffel, und... also die Grundnahrungsmiddel äbá. (...)

Friedrich W., 73 J., Rentner

Das Interview fand direkt nach dem vorherigen am selben Ort statt.

(über Streuobstwiesen)

Dò hosch Lachá gfierd, wòesch, dass des Gras gwachsá ischd, on nò... isch gr´ad r´echd gwää bis ámá, bis, muß i sagá... em Juni hòd mer áfángá óom Haeá; 'zwòedá Juni hòd mer emmer ágfángá zóm Mää'á. Ha nó, ned genau, ned, aber... musch de ja nòch'ám Wedder richdá. Nò hòsch dò, hòd mer dò gmähd, oe Wies ámòl. - Ha, isch gud Wedd'r, jédz ká'mer mä'á. Also, náus. (...)

Ja, des isch s'maeschdé ám Háng, odder, was du dò hòsch...?

Noe, noe, noe, au Ébáné, ébáné Wiesá, ja. Morg'ns'om vier´á, mor´g'ns áufgschdándá, ódd'r óm halb vier´á schó. Vór''ám Gschäfd, ón nò óm séchsé ens Gschäfd gángá. Ned. Naja, dié sénd: Aldábär´g, ...Kierschdeig, Gommerdaal, Gugáauchá, Diegráháldá, Bu'agg'r´, Wiédomshaldá - Brigglé iber dá Réms diebá, hémmer au.... dò, mo jedz zóm Beischbiel die Klärálag ischd, des wòesch, wo die ischd... dò hén mir á Wies ghed, díe war zwòe Mòr´gá od'r´ drei; wòesch, was á Mòrgá isch? Á Mòr´gá sén... á schwäbischer Mòr´gá sén dr´eiádr´eißich Ar´. Nòrmalerweis isch á... wi'god's'n dò emm'r´, war´d'ámòl... gòhd's em Häggdar nòch, en Häggdar hòd... sén honder´d Ar´. (...)

Nò hòd m'r mä'á miéßá, ned. Nò hòsch hald - on wánn'mer gmähd hòd, nò... v'r´schdr´aeá missá wied'r´, ned... ond, on omghaer´á, miéd'ám R´echá, von Hánd. On nòch'är em Òb'nds wied'r´ schechlá, dò hòd mer so R´òelá zogá dò, schee... ond so Heiflá gmachd, ned. On nò, ám ándr´á Daag hòdmer's wieder v'r´schdr´aed, ned. Muß aber emmer guád Wedder sae, des isch émmer abhengich vom Wedder. Nò hòd mer's v'r´schdr´aed on nò ám Òb'nd au zeemá- dau, on je nòchdem, wié s'Wedder gwä'isch, hòd mer's hoemduo kenná oder´ au... oder au ned, ám ándr´á Daag... hòd mer's nò nómmòl v'r´schdr´aeá miáßá...

Hol'ámòl gschwénd des Bildle dòhánná, wo dòhánná schdéggd, en d'r´ Wáád! Dò d'r´schd ámòl sää, wié mer dò fr´iér ghaeád hòd. Mid'de Kiá! Dò guggsch ámòl daen Ongg'l á, dò, des war´...

Der klaené Buá dò?

Ja, der klaené Buá, ja. So hòd m'r fr´í'r´ áufgladá, wòesch, d'r´ Haewagá. Dò schdándád aber, dò schdòánd'ab'r dr´ei, dr´ei Wägá héndánánder, schdándád dò. (...)

Des sénd maem Gr´oßvadd'r´ saené Ochsá, sen'des dò, der, mòá dò hiebá gwohnd hòd.

Wo isch des Bild gmachd wòrrá?

Dò, vor'ám Schulzáháus. Des war's Bír´germaeschderháus, dò gegeníeber. Des dò, des, was weggr´issá ischd. Dò hòd dá Schulldes dren gwohnd, ond dò héndá dommá isch d'Schuál. Desch d'Schuál dò dòmmá. Des isch díá Schdròß, mòá nóm gòhd, dòhánná. On dòhánná war á R´iáságardá, dò warád Zwädschgá, des warád láuder Pflaumá, die hòd mer em Sómmers äwwl r´adoá kenná, wo mer uffám Wagá dobá ghockd send, wòesch, dò hòd's gánz gschickd nòm glángd. Jaja... Mid sóddé Viecher dò hòd mer dò ómgángá missá. (...)

Du bisch doch Lkw gfahrá frier.(...)

Áu, dò hánné... baar scheené Bilder, on zwòàr... sémmer dò dòmòls nòch Karlsruáh, hémmer dò... Karlsruáh Holz naagfierd. On dò hòmmer noch... án'n Modorwagá hed mer nò zwòé Áhenger áhengá där´fá. Ned bloss óen, zwòe. (...) Zugmaschiné, nò dá Áhenger, on án dem Áhenger nómmòl en Áhenger, gell. So á richdigá Lángkudsch dò, ned.

Die Áudobáh hòd's scho gäbbá dò, A 8, odder?

Ja, die hòd's scho gäbbá, ja, aaaber - gánz ándersch... ned so áusbáud wie heid, wòesch. (...)

War des dae Schdreggé emmer, Karlsruhe on Richdung Ulm und so?

Ha ja no, erschd schbäder, aber vorhär, also anná... fuffzich, oesáfuffzich, dò benné nò zom... Lángholz gfahrá, ned, dò hemmer Holz gholld vom Wallt. Also i hán dò säldá fòrdgfahrá, áusgfierd, also nòch Schduddgard oder so. On nò, naezäähonderd-sechsáfuffzich, ischd mae, mae Vorgenger gschdòrbá, (...)

Der isch dávor emmer gfahrá?

Der isch gfahrá, där isch gfahrá on i war Beifahrer. On där isch gschdòrbá, gánz bledzlich, - also dò war dò hondá Hochwasser dò, on des war groß Hochwasser, wo dé ganz Wasáméhl beinòh fòrdgschwemmd ischd - fòrdgschwemmd wòrr´á ischd, dò hondá, on dò war´ also, dò hòd, dò ischd nix meh glaufá, dò. On dò isch där gschdòrbá ond von dem Daag á hòd's ghòeßá, ond jedzd musch du fahrá. Dò hóggsch denná.

Bisch no nie gfahrá vorhär?

Ha doch, ha schó - midgfahrá, aber sälber gfahrá, i moen, dá Fíhrerschae hánné scho ghed, gell, aber so gfahrá hánnen sälber no eddá. Ja. Jedz schdell der des vor dò. Hoggsch dò henná, deschd á Laschdwagá, also á Kälblé, där Kälblé-Laschdwagá war des, des kánnsch der du gar ned vorschdellá, des... vo Backnáng dommá, wòesch, en Backnáng ischer härgschdelld wòrrá. On zwòàr hen dié dò, wánn zom Beischbiel dò hockd er, so ädwá, on nò isch beim, dò driébá, dò mò dá Kiálschrángg áufhérd - oder so, oder no á Schdiggle weider dómmá - dò hòd d'Schnáuze ágfángá. Dò hòd d'Schnáuze ágfángá! Du bisch dò ghoggd, so á Schdeierrad dò, so mòrdsmäßich dò, koe Ser´volenggòng, nix, von wägá Lenkhilfé oder so, ned. On dò bisch dò dénná ghoggd dò, on dò so Pedalé, wòesch, so schmalé Pedalé dò, so glaené dò, on d'Bremsbelägé von dé, von dé, also fír den Laschdwagá, die war´ád vílleichd so bròed, dò.

Faef zéndámeder oder séchs zéndameder bròed. Káásch der des vorschdéllá, wánn dò... ond ja, jédz isch des ja erschd ámòl... on nò kómmd dò hendá noh, nò kómmd dò noh Lángholz dázu, ned, wo nò au noh - faefázwánzg méder láng send. (...) Wòesch, on die Schdròßá-verheldnissé, die warád nadierli'au demendschbräch'nd. Dié Schdròßá, die warád ned so ebá wié heid, ned, die warád so, dò en dá Middé hoch, wie á Sargdegg'l, wòesch. Dò hòsch áufbassá miéssá, dass de dò émmer die Déngs, die Balángze ghaldá hòsch dò, weil dá Àhenger áuf die Endfernung, där laufd ja émmer wäg, ned. Där ischd ja émmer wägglaufá.

Wo bisch dò emmer onderwägs gwäsá?

Hò no, i móen, dò semmer hald nòch Ebnad náufgfahrá, dò grad Haebach náuf, Haebach Bráuerei dò náuf, dánn nòch Bardlomae, áuf Kenigsbronn, des war onser Aenzugsgebiet, ond Haedáhaem, Behmákir´ch eféntuell, Behmákirch weniger, aber gr´ad dò obá, Záng, kénnsch des? Bardlomae, des wòeschd, wo des ischd? ...nò fahrsch dò weider nòch Schnaedhaem, ...aber em Wénndaal, Wénndaal wòeschd? Nòch Bardlomae gòhd's hendá nom, Meéheef. On n`gòhd's en's Wénndaal naa, on nò gòhd's nòch Schdaenhaem nom, on zwischá déné zwòe, dò gòhd's lénggs wäg nòch Záng, dò kómmsch ondá ráus en Kenigsbronn, nòch'äär. Oder kánnsch au nòch Haedáhaem naefahrá.

Ja, dò send ja au Schdeigongá, dò d'Alb náuf...

Ha ja sicher... náuf ed, aber naa! Wánn mer'n'Schnaé ghed hòd, mid Schneekeddá ond sell, náufmachá miéssá dò, ooooh, des war émmer á Glomb... em Wénders Schneekeddá náuf-machá, du, des isch á Baddend, dò schdr´aggschd onder'm Karrá dondá ond, on muésch dò dié Keddá áuf dié Zwillingsròefá náufdeichslá dò, wòesch... on des rägned émmer ens Gnigg nae, wòesch, isch älles naß ond schmierich... ja, desch á harder Dschob dò, des dò. Ha ja, nòch Ellwángá sémmer friér viel nóm kómmá, Ellwángá, Rosábärg do héndá, ond Elláberg dò héndá, wòeschd, hénder Ellwángá, Baldern, Schloß Baldern... beim Ipf dò, wòeschd, en dá Nähé. (...)

Wie láng bisch dò gfahrá?

Ja, i ben br´agdisch... dr´eiádr´eiß'g Jòhr´. Dr´eiádr´eißich Jòhr hán'é beim R´íhle gschaffd, aber sagá mer, so dr´eiß'g Jòhr làng bén'é gfahrá. Jò, bis dr´eiáachdzich.

Dò hòsch schó mánche Kílomeder wäggmachd, du. Mir sénd ja... ned blóss Lángholz gfahrá, mir hénd ja nòch'er áusgfahrá, gell, ódder vielmähr, sénd au ónderwägs gwää. Weil, den Wagá dò, den hòsch jà, der hòd ja á Gschäfd bréngá missá, isch ja glaar, weil, där Laschdwagá machd sich erschd zahld nòch zehn Jòhr ädwa. (...)

Ond bei eich sen abber dánn au neié kommá irgendwánn, odder? Neié Laschder?

Jàjà, i hán ámòl oen ghólld en Mínchen dénná bei dé M. A. N., on den ben'é, ja, zää Jòhr láng gfahrá, den Kärrlé, mhm, on nò hòd's ámòl widd'r en nuiá glángd, dróndernae. Bei'm vor'er hémmer blóss zwòe Achsá ghed, on nòch'er hòd'er drei Achsá ghed. Aber zwòe Ádriébs-achsá, gell. Mhm. (...)

Ja, ká'mer sich vorschdellá, wenn dò jedzd ächd noh zwae... zwòe Wägá hendá drá hengád...

Ja, wòesch, dò muschd äbbes denggá beim Fahrá. Ha ja, des isch ja nòch'er koe Òáder, beim Lángholz isch genauso, ned, wánn dò dá Modorwagá isch on dò dá Henger dò héndá, ja, edz fahrsch du dò om's Égg nom, ond hendá hòsch du'en Nòchlaefer, Nòchlaefer, där lénggd jà au! Wòesch, dò lénggd ja d's Hólz, des Hólz, was obá drénligt em Dr´ähschem'l...

Also des haeßd - die Achsé isch mit dem dò vòrná gar ned verbundá?

Nííx, awa, wohär denn, wa, Schláuch, ond á Kab'l, fír's Lichd, des isch älles. Ond des Hólz, was dò druffligd dò, uff dem D´rähschem'l, on dò béféschdigd isch, där Drähschem'l isch mid dá Achsé, mid dá Vòrderachs', verbundá, ned, dò gòhd á Géschdéll, á Schdángé vor, vor án den, án den Dr´ähgránz dò vòrná, was vòrná isch , gell, ond en dem Moménd, wo des, wo des Hólz om's Égg nóm gòhd, laufd des, dò dr´ähd sich ja dr´ Schem'l au, on nò dr´ähd sich die Achs' hendá mid. Des isch so áuskliegl'd, so áuskliegl'd von dé Käsbohr´er dòmòls, dass die Achs' genau dá gleiché Radius machd wie dá vòrderé. Wòesch, dass die die Kur´f áus-fahrd. On des gr´íágschd ja mid da Zeid ráus, die tollschdé Denger gmachd scho, wòesch, dò hen sé au schó gmachd, dass äll bòedé Achsá lénggbar send. Aber des isch émmer schwierich nò, ned, dass där émmer áusschärd, héndá. Du muschd émmer dénggá, dass, wénn dò en Áheng'r hòschd, nò hòsch noh séchs od'r siebá meder héndá náus, schwénggd's dò hendá náus, gell. (...)

Dò isch äwwl á Ámb'l em Wäg, oder sónschwas. Wiávíl Abflbaem hémmer dò schó... abrasierd oder, wòesch... wenn diébá zom Beischbiel ráuffahrschd, von Gébbéngá - án der Zachersmíéhlé, wòesch du des... die Kur´fá dò dánná? Also - wie ofd hémmer dò dié Bfoschdá wägrasierd héndá dommá, wòesch, wánn dò, du muschd ja rómfahrá, kàschd ned nómfliágá. Dò bischd r´ómkómmá on nò hòd, „r´r´r´d!" hòd's héndá gmachd, ferdich, ab. Kánnsch ja ned nómlubfá, gell.

Jaja, so gibd's so mánch's Erläbnis, was mer dò so midgmachd hòd, mid dem Zeig dòhánná. Wòesch, des war ja émmer so á Äxpärimend dò. Jeden Daag was Neies, gell. I moen, die aldé Schdréggá, wo dé gfahrá bisch, mir sénd ofd em Daag zwòemòl nòch Ebnad náuf gfahrá. Nò jò, des gòhd, wénn mòrgn's bald wägfahrschd, nò lángd's em Òbends émmer... dò hòd's émmer géwissé Zeidá ghed, wo durch des Stédtlé nemmé, hòsch nemmé durchfahrá därfá, gell. Verschiedené Stedt hen des ghed, dié hénd Durchfahrverbod von zwelfé bis om zwòié, oder ab vieré därf mer némmé mit Lángholz durchfahrá. Ned, des sénd heid Vorschrifdá. Dò ischd mir ámòl, en Bfòrzhaem óndá ischd mir ámòl óener héndádrae gfahrá, Bolizei hendá drae gfahrá, durch gánz Bfòrzhaem durch. I ben middaags om zwelfé durch Bfòrzhaem durch, ned, ziégich durchgfahrá, gar nix dénggd dábei, durch Bfòrdzhaem durch gwäá, kómmád sé vorgschóssá, ssssip, Blaulichd, Kelle náus. Jedzá waas, was isch jédz los? Haja, ja, hen sié... Babieré, wòesch glei, isch ja gánz klar, Tachoscheib' ond ällés wellád sé glei säá. Ja, ob i des wissd, dass i en där on där Zeid ned durch Bfòrzhaem durchfahrá därf - keine Áhnung. Wo sóll i des härwissá? Ha, dò miáß'd se mer erschd ámòl Beschaed sagá vom Lándradsámd oder so, ond des békánntgäbbá, wo mer was dr´ánsb'r´dierá där´f, in was fír'á Zeid, gell.

Jedz hén dié dò á Theader gmachd dò ondá, nò háné gsaed, jò, bffff... muß mer áns Lándradsámd schreibá, ned. D'Zulassongsschdéll hòd nò áns Lándradsámd gschriebá, ond nòchär hen sé ámòl en Wisch ráusbròchd, dass, also, nur von P'òrdzhaem, dass en därá'n'därá Zeid kae Lángholz fahrá, durchfahrá därfsch. Also wòesch! Dò haerd's irgendwo áuf, gell. So gibd's äls so, so Vorschr´ifdá dò, gell, wo, wo au, em Zweif'l, émmer á bißle, ob des iéberhaubd machbar ischd, iber... wòeß jà néddá, gell. (...)

Mir send émmer zu zwòed gfahrá, sen mir; on zwòr, dò hòd's eh ieber´aal nääglángd, gell. Wá'mer nòch Eschd'r´eich gfahrá send oder so on hénd Holz gholld - dò ischd mòrgens, oder sen nachds om elfe wäggfahrá, ond dò bischd gfahrá bis om dr´ui, gell, nò sen's vier´ Schdónd, gell, nò hò'mer gwechsl'd. Nò bee i vier Schdónd gfahrá, nò hòd där vier Schdónd schlòfá kenná. On wenn där vier Schdónd gschlofá hòd, oder, jò, nò war mer jà án Òrd ond Schdéllé. On nò, nò ben i widd'r, nòchär béladá hóemgfahrá, d`Hälfdé, on där wieder nòchär die ánder Hälfdé au voll hóemgfahrá. Des lángd eewich, von dá Zeid här, zu zwòed, ab'r allóe, isch émmer á bißle á Kr´iteriom, ob's lángd oder eddá, gell, jédz was?

Nò mánipulierád se ja die Scheibá heid, ...

Ha Gott, noe des káäschd haed älles gar némmé, du káäsch nex mae machá án déné Scheibá, fríer hòschd hald des Deng áufgmachd ond zruggdr´ähd, gell. D'Uhrzeid. Jàjà, des hòschd ällás machá kénná. Fr´ier, aber ob sé des heid no machád - wa'sé heid no machád, wòeß i eddá. Wòesch, diá Bolezei kómmd jà au dáhender, dié sénd do'au ed bleed. Dié wissád génau, hald'ámòl - des siehschd ja! Du siehschd ja, dae Uhrzeid isch génau áufzòechn'd, áußá isch dae Uhrzeid druff, ned, on dò sen daené Geschwendichkaedá druff, dò, ond wié láng dass d'gfahrá ischd ond wié láng dá Modor´ áuf Schdánd gloffá ischd, gell, des kómmd, des wird älles áufzaechn'd, gell, on óndá no dié, dié Kílámed'r, jeweils fenf náuf, fenf r´ond'r´; jaja...

Fr´ier hòsch des guád machá kénná, dò hòschd hald, wa, dò Déng áufgmachd ond zr´uggdr´ähd d'Scheib ond, wa. Aber jédz isch so, wánn'd'heid áufmachschd, en dem Mómend, wo dé áufmachschd, dò r´eißd des obá án d'r Scheibé ae, 'héngd obá, déngs, so á, so Zaggá drá, on nò wánn des áufmachsch, nò reißd's obá ae, ja jédzá was, wánn's aegr´issá ischd'áufám Babier, ned, siehschd hald. (...)

Christine S. (16 J.), Kerstin W. (16 J.) und Evelyn S. (14 J.), Schülerinnen

Interview durchgeführt am 28.06.1998, 15 - 17 Uhr, im Zimmer eines der Mädchen, Urbach.

(ungezwungenes, informelles Gespräch über Schule)

Isch ned mòl irgendwie á Jubiläum...?

K.: Hoggédsé, ja, am letschdá Schultag. Und Spordtag.
C.: Am Achdázwánzigschdá Sibbdá isch Hoggédsé. Dén Zedd'l hòt mer fae schó lénggschd abgäbbá míssá.
E.: ...ám érschdá Juni.
K.: ...mir mach'n dò net mit.
C.: Doch, mir sin au aentaelt. Bélégdé Brödchen, Knoblauchbagedd ódder Geldschbéndé.
K.: Mir mach'n weder noch; maené Mudder hat den Zedd'l noch gar net gsähn.
C.: Maené au ned.
(...)
K.: Chrisdiné, mòrg'n früh, kurz vor séchs, gä... Die geht mòrg'n nach Bònn.
C.: Vóll die Sáuerei. Mir dürf'n net rauchá un kaen' Algohol. Und wemmer beim Rauchá erwischd wird, wírd mer haemgschickt áuf aegéné Kóschdá. (...) Mir dírfád érschd ab dá elfdá Glassé. Án dá Schulé au ned. Wenn Sächzehn bisch, isch egal, Haubdsach elfdé Glassé.
(...)

(über den Sportunterricht)
K.: Chrisdiné isch so schlecht.
E.: Schdimmt, wénn Leichdadledig ned wär, wärsch du au besser, ódder?
C.: Mae éwigés Laschder...
K.: Chrischdiné isch so gud, dass'se scho némmer áuf déné Lischdá schdehd.
C.: Du bisch echt á Verräderin!
E.: Grischdiné, dés isch dá Underschied zwischá dir und mir, ich bin dá Dáuerlauf schó gar ned glaufá.
C.: Dáfür bén i ém Turná bésser.

E.: Turná isch bésser wie Leichdadledik.
K.: Nee, Turná isch schregglich, i mòen, Leichdadledik isch au schregglich, aber des gehd no.
E.: Grischdiné, aber ich frag mi echd, warum du fír den Séchser íberhaubd glauf'n bisch (...)
C.: Aber s'gibd wélché, die sin noh schlechder wie ich...
Nodá ghérád echd abg'schaffd en Schbòrd, des isch dá lédschdé Schwachsinn, genauso en Kunschd.
E.: S'raechd doch, wémmer sich ánstrengd, ond wémmer sich bemühd.
K.: Dò ghörd echd Bégabung dázu.
C.: Dò bráuchsch echd Bégabung, fír Kunschd un fír Schbòrd.
K.: Und wénn du weder Bégabung hòsch in Kunschd noch in Schbòrd, irgendwie bisch zwòemól ám Arsch. Einmal éndwírfsch so billige Ae'erbecher - des war'n fír uns fír aen' Ae'erbecher ungéfähr zwanzich Minud'n, den zu éndwerf'n, ánderé Leudé éndwerf'n aen`in... vier Dobbelschdund'n, ja, wir ham' schon unser'n zwaed'n oder dridd'n.
C.: Unser'n dridd'n ham' wir schon, die ándré ham' villeichd grad mòl'n Vird'l Ae'erbecher oder so.
E.: Aber dò sén die ándré au besser, odder?
Sen des so Becher fír's Frühschdüggsae, odder? Machd mer des áus Keramig?
C.: Áus was dé willsch hald.
K.: Áus was du willsch, áus Holz oder áus... Des isch so'n Wéddbéwerb.
C.: Schdélld euch vor, des wär'n Kabutschino-Becher. Also wir zwae ham' dachd, mir sin intélligént, dräh'n des Ding um, schneidát hier á Lóch raen, schdéllád's hin, Ae raen, ferdich. On des ham' wir hald in fünf Minuddá gmachd.
K.: Und dann ham'wer noh - né, wir ham dann doch so'n Holzbflóck ghabd, on nò ham'wer den Ae'erbecher, also des Kabutschino-Tael dò dráuf bäbbd, áuf den Holzbflóck, ond dann ham'wer des gánze mit Gips noh bisslé aengschbachd'ld, ja.
M.: Ond was hen die ánderé gmachd?
K.: Ach, die schneid'n zusammen und säg'n und failen und schnaid'n und...
C.: ...isch dá Hámmer, uns war's echd vóll paenlich, ja. Die aené zum Beischbiel, die macht so á Männlé, zwae so Männlá, so, die macht so Turnfiguren, dò kánnsch irgendwie so á Ae middá áuf dá Rüggá oder so was dráufschdellá, die will des allés so subber aussäg'n ond ausschnaid'n...

K.: Òn dánn, unser ándrer Ae'erbecher war, dò ham'mer áus Ton so'n Stern ausgschnidd'n, ham da so á bissle Drahd raengsedsd, in die Middé vón dem Schdern ham'mer nemmlich'n Loch raen gmachd, aber dadurch isch óns där Stern áusnanderbróchá.

C.: Ham'mer'n neiá machá missá. War'n zehn Minuddá ám Arsch.

K.: Unser nägschder Ae'erbecher isch: nehmen wir'ne Coladosé, schneid'n die auf. Dass mer'n Ae in die Coladosé raenseds'n kann, und dann nehm'wer á Kärdsé ond lass'n Wachs an der Coladosé runderlauf'n.

C.: On dánn kommd vón inná vón där Coladosé á Teelichd nae, on nò baßd des Ae nae.

(über Lehrer)

K.: Du musch dir mal vórschdéllá... waesch, mir ham' Englisch-ZK ghabt, des war'n drai Klass'n, ond wir ham' Englisch bei Frau [redacted].; ja, wir hatt'n'n Schnidd in unsrer Klassé von zwae komma séchs, ja, ond die Klasse vom [redacted]., die ham drei komma sieb'n!

E.: Französisch isch doch'né Kadaschdrophé bei dem, ódder?

(...)

Ja, ihr warád so die érschdé, wo im Bus so frech warád.

C.: Mir neddá. Bòh, die Jungé jedzd, die werdád immer frecher. Kaen Réschbeggd vór'm Alder! Aber mir sin ned schuld, mir war'n immer gánz brav.

K.: Ja waesch, die dengg'n, ihr Ránzen bráuchd'n Bladz - fír sich. Neulich hab' ich dann ae'm erglärd, dass ich'n Bladz brauch un'net saen Ranz'n, nò hòd'er gmaent, hat er mich net beachded, nò hab'ich saen' Ranz'n gnòmm'n und n'hab'i gsagd, OK, dann nehm ich'n áuf maen' Schoß on'n'had'er'n schnell runder'tan...

C.: Un'dann... wollád die ihr'n Ranzá echd ned absetzá, wie die dánn dránnáschdeh'n, wollád ihrn Ranzá net rundertun und bohrád'n dir echt voll in' Báuch raen. *Wenn so á Ding hochhebsch, gell, so was Schwäres...*

E.: I laß immer die Hälfdé d'rhóem. Ich waeß, dass d'M. allés dábei hat ond...

Mae Schwéschder war au so blöd. Die hòd au emmer alles midgnommá.

C.: I hab noh nie alles midgnommá.

Aber wenn ihr des nie lernt - I vergess' jedz mae Zeug au emmer em Schdudium. Des kómmd vón daher.

C.: Also, du willsch jédz'uns'n Tip gäbbá und maensch, dass mir émmer allés mitschlebbá sollád.
E.: Bei mir isch's Géschichdsbuch so schwer.
Ja, die Leud, die emmer alles midschlebbád, des sen die, die ned selbschdändig denggá kennád.
C.: Des kánnsch du abber au net.
Weil i emmer alles vergess', gä?

(Betrachten eines Photos)
C.: Des sin unsré Ámis! Des war maené...
Ónd ihr sen ned mid dráuf?
C.: Dòch, natürlich.
E.: Du kánnsch se such'n.
(...)
C.: Die sin echt so cool gwes'n, unsre Ámis. Bis áuf maené.
M.: Hénner scho die Téléfonrechnung kriegt?
E.: Naen, no net.
C.: Die kómmt bald! Diese Wóché...
E.: Drei Minuddá kóschdád vier Mark!
C.: Boh, die Chelsea, die wo bei d'r M. war, die had'ne Téléfonrechnung von déné drei Wochen, nur sie allaen, über aentausendachthundert Mark!
E.: Aber áuf R-Geschbräch, oder was waeß i...
C.: Naen, sie muß des zahlá!
E.: M. muß des zahlá?
K.: Aber die Chelsea muß des dóch jédz dahaem abarbaet'n.
C.: Ja, jedz muß die Chelsea drübá arbaedá ón die müssád's Geld schiggá.
(...)
K.: Hasch du dieses Schulfóddó? ...òh ja. Soll dá Jochen uns mòl such'n als Fünfdglässler?
C.: Jochen, bisch du dò noh dráuf?
K.: Ich waeß, wo du bisch, i hab' dich nämlich schó'mòl gfundá.
E.: Ich maen, ich bin eh ned dráuf.
C.: Des isch egal.
K.: Aber so viele... aber mir sin unfindbar.

E.: Dóch, d'Chrischdiné, die war dóch dò vòrná bei déné klaené Schdebbs'l. Kerschdin, du leuchdésch au... warte, wo bisch du, Kerschdin...

Jedz such' i mal euch...

E.: Such Grischdiné un'Kerschdin. Such under déné klaené Schdebbs'l vòrne in de érschdé séchs Raehá.

Euch baedé, ja?

K.: Ja, aber mir schdeh'n net nébránander.

(...)

C.: Habt ihr au'émmer Fángé gschbielt?

E.: Né, Saelhóbfá ham'sé bei uns émmer gmachd on'des Gummihóbfá on so...

Mir ham'áuf jed'n Fall áuf'm Bodá ghóbfd, wie heißt des, Himmel und...

E.: ...Hölle.

Mir hen's halt Hóbferles gnánnt.(...) Was habt ihr gschbielt?

C.: Mir ham émmer Fángé gschbielt.

K.: Und so Gummi... waesch, mit so Gummitwists...

E.: ...des Gummihóbf, ich hab des émmer so gehaßt! Ey, d'Sándra, die hat des bis zur sibbt'n Klassé gemacht! (...)

C.: Die vo'maener Jungschargrubbé, die wollád émmer, wie hòd des ghòeßá; „wieviel Schriddé schénggst du mir" schbiel'n. On wénn ich dánn net vorné steh, dánn krieg' ich immer nur so Mäusetäbbálá, on die andré kriegád émmer Áudobáhná, und i steh widder gánz hindá. Isch vóll bös'!

Sylvia K., 22 J., Bankkauffrau; Heike M., 22 J., Polizeimeisteranwärterin

Interview durchgeführt am 18.07.1998, 15.30 - 17 Uhr, in der Heimatwohnung des Verfassers in Urbach.

Jetz erzehl mòl, was des fír á Fortbildung isch!
S.: Oh Gótt, des isch, desch net so aenfach, on zwar: bei ons gibd's verschiedéné Möglichkaedá, on i mach des hald án der Bánkakadémie. (...)
Also dá Sidz isch in Fránkfurd on die... tun des orgánisierá in so Schdäddé, weidräumich.

H.: On was bisch du nò?
S.: Bánkfachwirtin.
H.: On nò kriegsch hald mehr?
S.: Wird sich zaeg'n. (...)

Ja, aber du bisch jedz net in Fránkfurd gwäsá?
S.: Ne, also die... in verschiedéné Städté oder so, in Schduddgard und Aalen und...
Des geht zwae Jahré. Einmal, éndweder Mónndag on Middwóch abends, oder Sámschdags.
(...)
H.: On wie láng machsch des jédzd schó?
S.: Jédzd mach i's... bald'n Jahr. (...)

Ja, was machsch'n da so dá gánzé Daag en der Bánk? Erzehl des ruhig mal.
S.: Mir fángen morgens um achté án...
Musch du stémplá? Echt, wie in dá Fabrik?
S.: Ja, mhm... jeder hat sae Schdémblkardé.
H.: Isch überall jédzd.
S.: Aber's hat au saené Vortaelé. Weil ja, die Arbaedszeid isch subber aegéndlich. Du kánnsch - wir ham' kaené Kernarbaedszeid on theoréddisch könndesch du, was wòeß ich, middags erschd ánfángá. Aber natürlich hat au jeder trótzdem nóch sae Pflichdbewussdsaen und kommt jed'n Morg'n um achd.

H.: Wär jédz mòl cool, jeder kómmd so middags om zwölfé mòl.

S.: Ja, áuf jed'n Fall, ja, ond dánn hòd jeder trótzdem noh saen Pflichdbewußdsaen ond sagt, ich kómm heud erschd um zehné oder so, isch des o. k., ond dánn gibd's - ja, ond dánn schaff mer so sieben kómma acht Stund'n (...) Normalé Schaldertädigkaedá, i wòeß ned, wie i des béschreibá sóll. Am Schalder, und - i móen, ám Ánfáng hab' ich ángfángá ám Schalder, ja, dánn kómmsch so lángsámm raen in d'Beradung, aber, so - jédzd vergleichbar mit Lährer, wo jed'n Tag was ánders isch oder so, des kánnsch hald ned... mir gfälld's, ond i bin ae'ndlich zfriedá ond so, óbwohl, also wénn i mir's so überleg, des - also bei ons gibd's vielé Filialá, wo's ruhiger isch, bei ons isch's ae'ndlich sehr hegdisch, weil i direkt áuf dá Königsstraß schaff, und da déngg i mir dánn schónn, ja, á bißlé ruhiger wär net schlecht. Jédz war ich aber Áushilfé in'ner ruhig'ren Filialé, on dò muß i sag'n, dò gehd die Zeid ned vórbei, ond déshalb bin i aegendlich gánz zfriedá. Weil du des, dénggsch ae'ndlich immer, ha ja gut, wär net schlecht, wenn's ruhiger wär, abber - könnd i mir net vorschdéllá, muß i ährlich sagá, also, bin au gánz froh, dass i - isch irgendwie émmer was Neues ond - ja. (...)

Also mir sén net klaen, wir ham' achdávírzich Filial'n und... des kánnsch halt net mit dá Kreisschbarkassé oder so vergleichá, isch hald ánders.

Ja ond, was hòd's dò fír Leid?

S.: Also, die maeschd'n sind freundlich, muß i sag'n, also du kánnsch ae'ndlich nix sag'n. Mid der Zeid kénnsch dánn au die Leudé on waesch, wie du dénné dánn bégegnen musch. Abber dass jédz jemánd mòl so richdich unverschämd war - aegendlich, ae'ndlich net.

Du hòsch dóch so mòl erzähld...

H.: Bei mir mòl, ja. Des wòeß i heut nóh, was da war. Dò kám aener án dá Schalder ond wólld glaub irgendá - irgendá Kóndo eröffná, i waeß jedz nimmer, waas, isch ja au egal. Dánn gibd's dóch diese Vordruggé, on die musch ja em Cómpuder bédruggá lassá. Und unser Cómpuder - Müller hat der ghaeßá - unser Cómpuder druggd hald nun mal U - E - MUELLER. Jédz had der bei mir ám Schalder vóll des Theader gmachd, Müller schreibd mer mit Ü! Nò hab i gsaggd, des wòeß i scho, abber unser Cómpuder kánn des net druggá, der druggd hald U - E. Nee, so würd' des net geh'n, er béschdehd dráuf, dass mer saen' Námé mit Ü schreibt. Wòesch, was da abging - des ging so weit, dass i dá Filiallaeder hóllá mußd und der des dánn mit dem klärd hòd... Also, so was bassierd dir dóch béschdimmd au, ódder?

S.: Ja gut, solché Sachá au, abber dass jédzd - so brutal - i maen - musch hald höflich bleibá ond sagá, jà, jà... kánnsch schó au bißlé was sagá, aber du musch immer freundlich bleibá.

Aber bei dá Polizei musch au immer freundlich bleibá, au wenn dené eine naehauá willsch.

H.: Ja, abber wánn die zu dir unverschämt sin, musch du net nóh „ja, machá mir fír Sie" sagá, sóndern dánn halt (*imitiert e. Vorgesetzten*): „jédz isch's abber mòl gut! On wánn dé jédz net pariersch, dánn, dánn kásch dò en den Wagá nae hoggá, nò kommsch mòl á baar Schdóndá mid." (...)

Nò gab's doch au nóh ándré, wo'er emmer net bédiená wéllá hén...

H.: Aené. I wòeß gar ned - die wohnd in Urbach, des war áuf dá Filialé Urbach-Süd. Dò kám immer aene raen, die hòd gschdónggá! Wòesch, ned irgendwie nòch Báuernhof oder so, sóndern so richdich, wää, so richdich gschdónggá nòch net wäschá halt. Jedesmòl, wánn mer die dráußá gsäh hen, simmer alle hinda in des Räumlé nae, wòesch, wo Kaffé dringgsch und so, on hén ons dort áufghaldá, un dánn hémmer immer glost, wer jédz dò vor muß on die bédiená muß, mir hén uns immer allé gschdräubd. On wánn die kómmá isch, on wánn die bédient hòsch,... dánn bisch dò émmer schó vóll weit weg gschdándá, so, „...was kánn i fír Sie tun?"...

Á aldá Frau, ódder?

H.: Ha, villeichd... fuffzich, sechzich, net so überalt, on die isch émmer schó so raegwánzt.

S.: Wobei, abber des hòt mir 'ne Békánnde áus dr Raenigung au erzähld, die schaffd dort ond, wòeß net, mir ham'ons halt dòdurch kénnáglernt, dass i so viel Zeug zum raenigá hab', ond - jò, simmer halt so ins Geschbräch kómmá, nò hòd se gmaend, ja, sie hòd á Tóchder in maenem Alder, ond, jò, nò, jò, táusch' dich halt so áus, ne. On nò hòd sé au gsaggd, also heud wär widder gánz schlimm gwes'n, dò käm au immer aené, die würdé abends nóch - vóll schdingg'n un morgens, also des wär egal, wánn die kómmen würd, die würdé immer schdink'n, ond - óbwohl sé ae'ntlich immer ándere Klámóddá ánhedd, würd des dr'dzdem brutal schdinggá. Un des musch der mòl gäbbá, wòesch, in dá Raenigung, also... isch dò nómmol irgendwas ánders, als zum Aekaufá oder so. Ha ja, jemand, wo mer die Klámóddá raenichd und wo's immer ae'ndlich schdéril on gud riechd, dass dé dò só schdinggich raekómmsch (...) I móen, bei älteré Leud isch des halt mánchmòl so... wénn sé selber némmé so gut riechád und so - bei jüngeré Leid find i's schlémm.

H.: Bei uns isch's jò so, wénn du Schbord hosch vor'm Middagessá - d' Schbordhallé isch näbá dá Kántiné obá, des sin ja Wägschdréggá, die du dò zrügglegá musch, hòsch ja gsäh, des isch ja... ha ja... áuf jed'n Fall, nòch'm Schbord dárfsch du nicht im Treening in d'Kántiné sidzá, dámit du ja net ungéduschd zum Essá gehsch. Gibd dò echt vóll die Vorschrifd. (...)

S.: Und was habd ihr dánn fir Berufsschbord? Also Volleyball au ond so?

H.: Mhm, halt dreimal in dá Wóch zwae Schdund. (...) On dánn hosch aenmal SV, Selbschvertaedigung, on aenmal halt normal Schbord, éndweder Konditionsdreening ódder Leichtadletik ódder - schbiel mer Fußball ódder sónschd irgendwas.

(über Maschinenschreiben lernen in der Realschule)

S.: Nee, aber die [redacted]., die war echt, die war echt... des war á gánz arg... des komisché war halt, die hat án die Tafel immer diesé Taschtatur gmalt von der Schreibmaschiné, ond die hat irgendwie net gánz paßd, ond dánn hat sé au von dá Dimension her viel zu klaené Finger ghabd fír ihre großé rundé Taschdá... áuf jeden Fall war'n dánn halt áuf'm A zwae Finger ánstatt aenem, on nò hat sé des nóch so versucht, und dánn hòd se gmerkt, des geht irgendwie dóch net ond dánn isch sé mit dá gánzá Hánd mitgrudscht ond hat's ons dánn so zaegt. Ja, des war gánz luschdich.

H.: Die isch dóch óemòl so áusgflibbt, wer war'n dò, dá M. war des, der hòt doch gar net dázughörd, ond dò dren gsessá isch...

S.: Ja, á halbé Schdund hat se den dò... nóh á Schreibmaschiné gholt on alles. On nò hòt der dánn... halt so mit dem - Aen-Finger-Such-Syschdem gschriebá, on da hat se gémaent: „Sie müssen schon noch ein bißchen üben!" Und zum Schluß hat er sich dánn geoutet on hòt gmóent, also: „Ich ghör dò aegentlich gar net dázu" - „Ja was wollen Sie dánn hier?" (...)

(über die Ausbildung bei der Polizei)

H.: Mir hen grad Fotografie-Lährgáng. Des isch intressánt. (...)

Nee, du musch ja echt óft Áufnáhmá machá, du musch ja föddografierá könná - naen, wie des isch mit Bélichtungszeit ond so. Wie du dá Hinergrund scharf griegsch... isch cool. Gánzé Vórmiddag láng ghéd. Sémmer én dá Gegend - áuf'm Géléndé rumgsáut on hén Fóddos gmachd.

S.: Ja gut, i find des net schlecht. I maen, in dá Schulé hammer's ja au gmachd, on dò hab i ja echd á gudé Nodé ghabd, abber i kánn heud nóh ned föddografierá mit so, so... also so, so áudomadisché, kóe Próblem, abber - mit'ner richdigén Kámera, wo du allés aenstéllen musch, also dò hab i bißlé verlórá...

H.: Ja, mir hén, mir warad... mir fünf Mädlá, gä, die da war'n, allé in aener Grubbé. Hat er gmòend, er macht jedz á raené Frauágrubbé, mòl sähá, wie des éndét. Sémmer au gschbánnt jédzd. Müssá mer sé no selber éntwicklá wahrschaenlich, on nò - wird mer wahrschaenlich nix mehr erkénná.

S.: Was sin des dánn, schwarz-weiß, ódder?

H.: Ja. ...aber was da lernsch, isch echd, isch echd gud (...) ja, kánnsch au vóll, wòesch, kánnsch au in daener Freizeid ánwéndá.

LITERATURVERZEICHNIS

Ammon, U.: Dialekt, soziale Ungleichheit und Schule. 2. Auflage. Weinheim und Basel 1973.

Ammon, U.: Dialekt und Einheitssprache in ihrer sozialen Verflechtung. Weinheim und Basel 1973.

Ammon, U., Knop, Radtke (Hg.): Grundlagen einer dialektorientierten Sprachdidaktik. Weinheim und Basel 1978.

Ammon, U.; Loewer, U.: Dialekt/Hochsprache - kontrastiv. Sprachhefte für den Deutschunterricht. Heft 4: Schwäbisch. Düsseldorf 1977.

Bausinger, H., u. a. (Hg.): Dialekt als Sprachbarriere? Tübingen 1973.

Bausinger, H. (Hg.): Redeweisen. Aspekte gesprochener Sprache. Tübingen 1990.

Beinlich, A. (Hg.): Handbuch des Deutschunterrichts. Erster Band. 5., stark erw. und verb. Auflage: Emsdetten 1969.

Beisbart, O.; Koß, G.; Marenbach, D. (Hg.): Einführung in die Praxis des Deutschunterrichts. Donauwörth 1985.

Beisbart, O.; Marenbach, D. (Hg.): Einführung in die Didaktik der deutschen Sprache und Literatur. 3. Auflage: Donauwörth 1981.

Bohnenberger, K.: Die Mundarten Württembergs. Eine heimatkundliche Sprachlehre. Stuttgart 1928.

Braun, P.; Krallmann, D. (Hg): Handbuch Deutschunterricht. Band 1: Sprachdidaktik. Düsseldorf 1983.

Egelhof, F.: Ortsgrammatik: Modell eines Projekts zur Spracherkundung. Wissenschaftliche Hausarbeit zur Ersten Staatsprüfung für das Lehramt an Grund- und Hauptschulen in Baden-Württemberg (Zula 4845)

Feinäugle, N.; Fischer, H.: Wie dr Schwob schwätzt. Reiz und Reichtum der schwäbischen Mundart. Stuttgart 1990.

Frey, E.: Stuttgarter Schwäbisch. Laut- und Formenlehre eines Stuttgarter Idiolekts. Marburg 1975.

Goossens, J.: Deutsche Dialektologie. Berlin und New York 1977.

Haag, K.: Die Grenzen des Schwäbischen in Württemberg. Stuttgart 1946.

Hübner, F.: Deutsches Wörterbuch, Fremdwörterbuch. Niedernhausen 1995.

Geisel Verlag GmbH: Das goldene Reisebuch Rems-Murr-Kreis. Schorndorf 1980.

Jank, W.; Meyer, H.: Didaktische Modelle. 3. Auflage: Frankfurt am Main 1994

König, W.: dtv-Atlas zur deutschen Sprache. 11. Auflage: München 1994.

Löffler, H.; Besch, W.: Dialekt/Hochsprache - Kontrastiv. Sprachhefte für den Deutschunterricht. Heft 3: Alemannisch. Düsseldorf 1977.

Lutz, W.; Scheible, E.: Kennzeichen WN. Heimatkunde für den Rems-Murr-Kreis. Lörrach und Stuttgart 1990.

Menzel, W.: Schaubild zu den Wortarten in der deutschen Sprache, in: Praxis Deutsch. Stuttgart 1977. (S. 18)

Meyers Lexikonredaktion (Hg.): Schlaglichter der Weltgeschichte. Ausgabe für die Bundeszentrale für politische Bildung, Bonn. Mannheim 1992.

Ministerium für Kultus und Sport Baden-Württemberg (Hg.): Kultus und Unterricht. Lehrplanheft 1/1994. Bildungsplan für die Grundschule. Stuttgart 1994.

Moser, H.: Deutsche Sprachgeschichte. 6. Auflage. Tübingen 1969.

Rahn, F.: Der schwäbische Mensch und seine Mundart. Stuttgart 1962.

Reuter, U.; Pawlowski, K.: Deutsche Hochlautung. München 1989.

Rötzer, H. G.: Auf einen Blick: Grammatik. Bamberg 1985.

Sauer, P.: Baden-Württemberg. Bundesland mit parlamentarischen Traditionen. Dokumentation, Stuttgart 1982.

Spranger, M. (Hg.): Dialekt - Wiederentdeckung des Selbstverständlichen? Freiburg 1977.

Schlosser, H.-D.: Dialektgebrauch in der Schule: Informationen, Bedingungen, Möglichkeiten.

Schulze, H.: Kleine deutsche Geschichte. Sonderauflage für die Bundeszentrale und die Landeszentralen für politische Bildung. München 1996.

WEKA Informationsschriften- und Werbefachverlage GmbH (Hg.) in Zusammenarbeit mit der Gemeinde Urbach: Info-Broschüre der Gemeinde Urbach. Mering 1997.

FSC
www.fsc.org
MIX
Papier | Fördert gute Waldnutzung
FSC® C083411

Kolibri 360 GmbH
Ferdinand-Jühlke-Straße 7
99095 Erfurt, Deutschland
produktsicherheit@kolibri360.de